Reinhold Gestrich



# Eugen Drewermann – Glauben aus Leidenschaft

## Eine Einführung in seine Theologie



Quell

ISBN 3-7918-1917-8


1. Auflage 1992, 1.–5. Tausend
2. Auflage 1993, 6.–10. Tausend
Umschlaggestaltung: Klaus Dempel, Stuttgart
Umschlagfoto: dpa
Gesamtherstellung: Maisch & Queck, Gerlingen

# Inhalt

# Vorwort

Eugen Drewermann wurde als Kritiker der katholischen Kirche über Deutschland hinaus bekannt. Sehr viele Menschen hörten seine Reden und Interviews, Bücher von ihm stiegen in die Bestseller-Listen auf. Der Kampf um die Demokratisierung der Kirche ist allerdings nur eine der Auswirkungen des von der Psychoanalyse geprägten theologischen Neuansatzes Drewermanns. Wenn kirchliches Handeln und theologisches Nachdenken sich durchdringen lassen von dem, was von der Tiefenschicht seelischer und religiöser Erfahrung her sich Gehör verschaffen möchte, führt das zu umfassenden Konsequenzen: »Die Begegnung mit dem Unbewußten«, sagt Drewermann, »verlangt eine Veränderung in der gesamten Art, religiös zu sein und Theologie zu treiben.« Die Spannweite des religiösen Denkens dieses Autors bringt dann auch Wandlungs-Impulse für so viele Bereiche, daß es einige Anstrengung erfordert, Werk und Bedeutung Drewermanns zu überblicken. Einseitig vom Bewußtsein her geprägt, haben wir es schon schwer genug, uns in das tiefere Fühlen einzuleben, das Drewermann vom Leser verlangt.

Die wichtigste Frage lautet: Was bedeutet dieser theologische Neuansatz für unseren Glauben? Wie bei vielen anderen, ist auch bei mir das Glaubenshaus durch die Lektüre von Drewermanns Büchern erschüttert worden und mußte sich von Grund auf anders bauen. Drewermanns Theologie holt das Göttliche aus der Luft himmlischer Sicherheit und bringt es herab in eine nicht einfach zu ertragende Schwebe: Ist das Göttliche nur noch in der Seele – und gleichzeitig dem Menschen gegenüberstehend und jenseitig? Ist Gott eine »absolute Person« – und erscheint doch einzig in den Bildern unseres Herzens? Die von Tiefen-Erfahrung, Gefühl und Traum her geformte Lehre des Paderborner Theologen bedeutet für die meisten von uns eine ziemliche Herausforderung. Um Drewermanns Ansatz für den Glauben fruchtbar zu machen, bedarf es eines geduldigen meditativen Prozesses. Meine Einführung kann lediglich Überblick und Orientierung verschaffen, damit man mit neuem Mut an die Drewermann-Lektüre herangehe.

An seinen Hauptwerken entlang werden Schwerpunkte der Theologie Drewermanns aufgezeigt, gleichzeitig damit wird versucht, die Haupteinflüsse auf ihn zu verdeutlichen. Der Leser geht durch *drei Eingangstore* aufs Zentrum zu: *Kapitel 2* beschreibt die wichtigste Grundlage von Drewermanns Denken, sein Aufgreifen von C. G. Jungs religiöser Psychologie des Unbewußten. Kritiker sagen dazu: Dieser Theologe hat einseitig Bewußtsein und obere Realität dem Unbewußten geopfert. – Dem treten *Kapitel 3 und 4* entgegen: Mit der Aufnahme Kierkegaards lernen wir zunächst Drewermanns Überzeugung kennen, daß Glaube ein Akt der bewußten Existenz, freilich nicht der wissenden, sondern der leidenschaftlich im Gefühl ergriffenen Existenz ist. – Die Gründung auf die Psychoanalyse S. Freuds, deren Ergebnisse in Drewermanns Denken parallel und integral mit C. G. Jung Eingang gefunden haben, äußert sich in Drewermanns Forderung, daß der Christ mit seinem gesunden Ich im Glauben stehen solle *(Kapitel 4)*. – *Kapitel 5* begleitet in den christlich-theologischen *Innenraum* von Drewermanns Werk, wo der Weg des Glaubens von der Schöpfung über den Sündenfall zur Erlösung beschrieben ist. Hier lernt man auch die Hauptschrift kennen, »Strukturen des Bösen«, mit der Drewermann vor 15 Jahren zum ersten Mal an die Öffentlichkeit trat. – *Kapitel 6* zeigt, wie die so beschriebene Theologie praktisch wird: heilender Glaube, therapeutische Kirche, erlösende Seelsorge.

Eine kritische Bewertung von Drewermanns Entwurf wird im Rahmen dieser Einführung nicht gegeben, sie kann bei anderen Autoren gefunden werden. Der Leser kann spüren, daß ich Drewermann gewogen bin und sein theologisches Denken fast ohne Kommentar wiedergebe – so, wie ich es verstanden habe. Das Werk dieses Theologen ist meines Erachtens eine ungeheure Befruchtung in der religiösen Landschaft der Gegenwart. Sein Bekanntwerden möchte ich mit meiner Darstellung unterstützen.

*Reinhold Gestrich*

Folgende Hauptwerke wurden besprochen
und wie folgt im Text abgekürzt:

| | |
|---|---|
| *Früchte* | An ihren Früchten sollt ihr sie erkennen (1988) |
| *Gespräche* | Gespräche über die Angst (1991) |
| *Kleriker* | Kleriker – Psychogramm eines Ideals (1989) |
| *Krieg* | Der Krieg und das Christentum (1982) |
| *Leben* | Leben, das dem Tod entwächst (1991) |
| *Markus* | Das Markus-Evangelium – Bilder von Erlösung, 2 Bände (1987f.) |
| *Matthäus* | Das Matthäus-Evangelium – Bilder der Erfüllung Band 1 (1992) |
| *PuM* | Psychoanalyse und Moraltheologie, 3 Bände (1982ff.) |
| *Strukturen* | Strukturen des Bösen, 3 Bände (1977ff.) |
| *TuEx* | Tiefenpsychologie und Exegese, 2 Bände (1984ff.) |
| *WdH* | Wort des Heils und Wort der Heilung, Interviews, 3 Bände (1988ff.) |

# I Einleitung

## *Feuer im Land*

Drewermanns Bücher haben Beachtung gefunden, weil sie es verdienen. Sie sind geschrieben mit heißem Atem des Glaubens, brennender Menschenliebe und glühender Hoffnung auf eine Erneuerung der Religion. Um diese Bücher hat es heftige Auseinandersetzungen gegeben – zwischen ihm und der katholischen Amtskirche, aber auch in der Öffentlichkeit und in allen Medien. In Drewermanns Werk scheint herkömmliche Kirchenlehre zu verbrennen, gleichzeitig entzündet sich daran der Glaube vieler Menschen im Land neu. Die kritisch-moderne und glutvoll-poetische Weise dieses Mannes, vom Glauben zu sprechen, fand schnell zahlreiche Anhänger in Deutschland; gegen sie richtet sich aber auch Feindschaft und Ablehnung. Die katholische Kirche reagierte auf die »Irrlehren« Drewermanns 1991 mit dem Entzug seiner Lehrerlaubnis. Es folgte das Predigtverbot in kirchlichen Räumen, schließlich 1992 der Verlust des Priesteramtes. – Katholische Laien bildeten sich eine Meinung zu dem umstrittenen Theologen und nahmen an der Diskussion öffentlich teil:
»Die Hirten müssen zur Tat schreiten« – Leserbrief gegen Drewermann:
»Ich frage mich, wie kann man diesen Mann in Schutz

nehmen, dem seine tiefenpsychologischen Fündchen wichtiger als der Glaube sind, und der nicht nur seinen Abfall offen bekennt, sondern darüber hinaus auf unflätige Weise Glaube und Kirche verächtlich zu machen versucht. Die Lehre vom Sühnetod Jesu zum Beispiel bezeichnet er als blanken Unsinn, das katholische Verständnis vom Meßopfer als Masochismus, das Neue Testament ist für ihn ein Sammelsurium von Legenden ohne jede historische Fundierung... Erzbischof Degenhardt hat mit Drewermann eine fast unfaßbare Geduld bewiesen. Wer angesichts dieses aggressiven Unglaubens noch vom Gebot zu christlicher Toleranz spricht, liest sich einseitig aus der Schrift etwas heraus. Er unterschlägt die Aussagen, die in unüberbietbarer Schärfe vom Zorn des Herrn über die Schändung des Heiligen künden. Die Hirten müssen zur Tat schreiten...« (Schwäbische Zeitung, 13. 2. 1992)

»Dimensionen wie beim Fall Luther!« – Leserbrief für Drewermann:

»Da ist einer, der seine Kirche wachrütteln will, auf Mängel und Fehlentwicklungen aufmerksam macht, zugleich auch positive Wege weisen kann, und was findet er? Nur Selbstgerechte und Kleinkarierte. Was folgt, vollzieht sich fast nach psychologischen Gesetzen: Der Reformer, der sich unverstanden fühlt, schlägt härtere Töne an und wird zum Protestler, er läßt sich zu emotionalen Äußerungen hinreißen, auf die er festgelegt wird und die ihn als Ketzer bloßstellen sollen. Schließlich wird er buchstäblich aus der Kirche hinausgedrängt. Was sich hier abgespielt hat, hat solche Dimensionen, daß man nur noch an den Fall Luther denken kann.« (Schwäbische Zeitung, 8. 4. 1992)

Nicht nur, weil der Fall Drewermann in der Tat an die Auseinandersetzung Luthers mit der römischen Kirche erinnert, haben sich auch auf evangelischer Seite sehr viele Menschen mit den Gedanken und Forderungen Drewermanns beschäftigt. Die Bücher dieses Autors sind bei zahlreichen protestantischen Pfarrern zu einer Hauptquelle neuer Denkanstöße geworden. Andererseits hat die kompromißlose Schärfe der Bibel-, Glaubens- und Kirchenkritik Drewermanns auch in evangelischen Gemeinden Unruhe ausgelöst. Das meiste von dem, was dieser Theologe in Frage zu stellen scheint, betrifft ja das gemeinsame christliche Glaubensgut. Im ganzen genommen hat man das Gefühl, daß unter den protestantischen Laien und Pfarrern die Zustimmung zu Drewermann überwiegt. Ein »Drewermann-Fieber« hat bisweilen ganze Ortschaften erfaßt, wo Menschen sich zusammentun, um aus den Büchern dieses Autors Lebenshilfe zu gewinnen.

Drewermann – ein Theologe, der uns berührt! Der die Religion so nah ans Innerste des Menschen rückt, an seine Erfahrung, sein Gefühl, seine Existenz, daß es im Herzen heiß wird, wenn man die Gedanken dieses Mannes auf sich wirken läßt! Der einem äußere Haltstrukturen und gewohnte Denkvorstellungen des Glaubens »wegbrennen« läßt und alles Religiöse auf die Seele, das Ich, die Innenwelt konzentriert – wie auf einen Stecknadelkopf, bei dem es dann zum Glühen kommen muß.

Um dies zu verdeutlichen, sei an die Geschichte vom *brennenden Dornbusch* erinnert, die Drewermann mit Vorliebe heranzieht. An seiner tiefenpsychologisch-existentiellen Deutung dieser Geschichte kann man das

buchstäblich Entflammende der Drewermannschen Bibelauslegung erkennen:
Der arme unfruchtbare Wüstenbusch jener Geschichte (2. Mose 3) ist ein Zeichen für die Niedrigkeit und den Unwert der Person Moses. Die Flammen auf dem Busch werden gedeutet als Bild für die Gottesgegenwart *in* dem zum Führer Israels erwählten Schafhirten. »Objektiv« gab es keine überirdische Stimme und keinen Dornbusch, in dem Gottes Geist in Flammengestalt loderte. Doch *in* Mose ist Gottes Erscheinung leuchtend hell geworden, so daß er zum Träger göttlicher Berufung wurde. Dieser Mann, der an seiner Unwürdigkeit schier verging, darf das Medium sein, in dem Gott leuchtet und das er nicht umkommen läßt. Darum verbrennen die Flammen den Dornbusch nicht, obwohl sonst vom Menschen gilt: »Ach, ich habe mich unterfangen, mit meinem Herrn zu reden, obwohl ich Staub und Asche bin« (1. Mose 18,27). Das göttliche Licht in Mose wird zur Kraft seiner Berufung und zum inneren Antrieb seiner Führerschaft.[1]

## *Wer ist Drewermann?*

*Persönliche Daten:* Eugen Drewermann, 1940 in Bergkamen geboren, Sohn eines Bergmanns; als kleines Kind Zeuge und Mitopfer der totalen Zerstörung seiner Heimatstadt durch den Luftkrieg; Studium der Philosophie, Theologie und Psychoanalyse; 1966 zum Priester geweiht; seit 1977 Privatdozent für dogmatische Theologie an der theologischen Fakultät Paderborn; nebenher praktizierender Psychotherapeut; lange theologische

Auseinandersetzungen mit dem Erzbischof von Paderborn; ca. 40 Buchveröffentlichungen mit mehr als 20000 bedruckten Seiten und 600000 verbreiteten Exemplaren. Vortragstätigkeit in ganz Deutschland.

*Priester:* Über 25 Jahre diente Drewermann der katholischen Kirche als Priester mit allsonntäglichen Meßfeiern. Wichtiger als das eigene herausgehobene Amt war ihm aber immer schon: daß wir alle solche priesterlichen Menschen wären, »die Macht hätten durch die Kraft, andere zu segnen, den Himmel über dem Haupt eines jeden zu öffnen und ihm zu zeigen, wozu er berufen ist«[2]. Und anläßlich des Verlustes seines Priesteramts schreibt Drewermann: »Ich habe mich viele Jahre bemüht, ein priesterlicher Mensch zu werden; ... dazu benötige ich kein Amt, keine Beauftragung, keine Weihe.« Priesterliche Menschen sind solche, die vermitteln zwischen Gott und Welt und tun, was Menschen hilft: »Ein Begleitender, ... ein selbständiger Mensch, ... eine eigene Persönlichkeit – um wieviel näher ist dies doch dem Manne aus Nazareth als ein z. Z. für mich rein sakramentalistisch reduziertes ›Priesteramt‹!«[3]

*Poet:* »Es wäre jene Vollendung, die wir jetzt von ferne sehen, wenn ein Priester auch ein Dichter wäre, wenn ein Dichter Priester sein darf, wenn Priestertum und Dichtertum eines im andern lebten und webten.« Dieses Wort von Karl Rahner[4] wird von Drewermann mit Leben erfüllt. Seine Werke meiden das von der eigenen Person losgelöste theologisch-dogmatische Lehren und sprechen die Sprache der Innerlichkeit und des Gefühls. Drewermann ist überzeugt, »daß die rechte Art, Gott zu verehren, in einer ›Verdichtung‹ der menschlichen Existenz besteht, in welcher Träume für wahrer erscheinen als Gedanken, Anschauungen für wichtiger als Reflektionen, die Sprache der Sehnsucht für stärker als die Sprache der Tatsachen« (Kleriker, 739). In Drewermanns Werken werden unzählige Dichter der ganzen Welt zitiert – unfaßbar, was diesem Mann alles zu Gebote steht.

*Prophet:* Nicht als Ansager der Zukunft, aber als Kritiker der bestehenden Religionsform wie Amos, Hosea, Jesaja, Jeremia geht Drewermann auf seine katholische Kirche zu: um die Veräußerlichung der Religion anzugreifen, ihr wohlsituiertes Beamtentum und ihre entleerten Riten, und um den schwachen einzelnen zu unterstützen gegen die Macht der Hierarchie und ihre garantierten, ewiggültigen Wahrheiten. Drewermann, der sich dabei auf Jesus beruft, den er unbedingt als Prophet, nicht als Lehrer empfindet, hoffte bis zuletzt, daß eine Organisationsform wie die Kirche in der Lage sei, einen Kritiker wie ihn zu vertragen: »Ich habe, bis zum Erweis des Gegenteils, die fast bornierte Hoffnung noch nicht aufgegeben, es sei in der Kirche doch noch etwas zu ändern.«[5] Als Prophet im politischen Sinn erwies sich Drewermann mit zahlreichen Reden zum Golfkrieg und zu Themen der Schöpfungsbewahrung.

*Psychotherapeut und Seelsorger:* Neben seiner Lehrtätigkeit nimmt sich Drewermann 20 Stunden in der Woche Zeit, um seelsorgerliche Beratungsgespräche zu führen, bei denen ihm seine psychoanalytische Ausbildung zu Hilfe kommt. Er wollte und will aber kein Psychologe sein, der ohne Anhalt am Glauben seinen Klienten beizustehen versucht. Zu sich selbst kann der Mensch nach Drewermann nur finden, indem er gleichzeitig zu Gott findet. Heilung der Seele war von alters her ein religiöses Geschehen, wie in Jesu Werk besonders deutlich wird. Psychoanalyse ist demnach eine Form der Hilfe, in welcher der Glaube praktisch wird. Drewermanns Impulse für ein vertieftes Seelsorgeverständnis sind bedeutend und weithin beachtet worden.

*Publizist und Wissenschaftler:* Das Hauptinteresse des Forschers Drewermann gilt dem Wesen der Seele als einer religiösen Mitte im Menschen und der Erkundung ihrer Geschichte im Rahmen der Evolution. Dazu machte er sich kundig in Theologie, Psychologie, Psychoanalyse, Religionsgeschichte, Völkerkunde, Evolutionslehre, Gehirnphysiologie und Verhaltensforschung. Daneben ist Drewermann vor allem ein vorzüglicher Bibelwissenschaftler. Weitere Fachgebiete, wie zum Beispiel die Philosophie oder, in ganz anderer Richtung, Umweltkrise und Ökologie, sind ihm genauso vertraut.[6] Er kennt sich hervorragend aus in der Mythologie der Naturvölker. Seine Belesenheit und Zitierfähigkeit ist in Deutschland womöglich unübertroffen. Selbst wenn er auf einzelnen Sachgebieten nicht auf dem modernsten Stand der jeweiligen Spezialgelehrten sein kann, so ist er durch die umfassende Breite seiner Bildung ein absolut herausragendes Phänomen. Seine Bücher, die hauptsächlich aufklären, erbauen und zum Leben helfen wollen, sind auch wissenschaftlich von hohem Rang.

*Protestantischer Katholik:* An seiner Kirche hängt er und mühte sich um Veränderungen in Richtung Demokratisierung oder Öffnung zum Bewußtsein der modernen Menschen. Aber dabei verhielt er sich radikal: »Ich glaube in der Tat, daß die katholische Kirche eine wunderbare Einrichtung wäre, wenn sie nur lutherisch wäre.«[7] An der katholischen Kirche schätzt er den Reichtum an Bildern und Symbolen, die er auf der protestantischen Seite vermißt. In vieler Hinsicht steht er dem Evangelischen sehr nahe, besonders was den im Protestantismus besonders herausgehobenen einzelnen betrifft, welcher nur seinem Gewissen und Gott gegenübersteht. Kaiser Karl V. zu Luther in Worms: »Ich kann nicht glauben, daß ein einzelner Mensch recht haben sollte gegen die gesamte Christenheit.« Drewermann: »Genau diese Möglichkeit ist der Beginn des Protestantismus« (Gespräche, 105). Von dem, was sich damals auf evangelischer Seite entwickelte, ist das neuzeitliche Bewußtsein geprägt worden. Angstvoll zwischen Rettung und Verzweiflung wird das neuzeitliche Bewußtsein hin- und hergetrieben, wie schon Luther es war. Darum gilt für Drewermann: »Heute kann ich sagen, daß mir die zentralen Fragen der Reformation den Schlüssel bilden, um christliche Erlösungslehre zu formulieren« (aaO., 97). Und ebenso: »Ich glaube, meinem ganzen Gefühl nach bin ich protestantisch« (aaO., 104).

## *Flammende Zumutungen*

Wohnt Gott nur noch als Glut auf unserer Seele?

»Gott ist *kein* Teil des Äußeren und *kein* Forschungsgegenstand der Vergangenheit« (Früchte, 29). Das heißt:

Niemals kann Gottes Wirklichkeit wie eine »Tatsache« der äußeren Welt verstanden werden, auch kann er niemals zum »Gegenstand« des historischen Wissens werden. Vielmehr gilt: Die Wahrheit Gottes ist die Wahrheit des menschlichen Herzens, und »es gibt für uns Menschen keine andere Form der Wahrheit als die Wahrheit unseres Herzens« (Früchte, 60).
Was macht Drewermann da aus Gott? Existiert nichts Göttliches in der jenseitigen Wirklichkeit? Werden wir des Himmels beraubt? Ist der Ewige am Ende nur noch ein Feuerschein auf unserem Herzen, eine Sehnsucht nach Segnung, Heilung, Führung, die wir zu einer Person formen und an den Himmel projizieren? Wir lesen bei Drewermann andererseits, Gott sei ein absolutes Wesen, eine eigene, von uns unabhängige Person, ein jenseitiger Grund der Geborgenheit, ein wirklich existierendes Du. Das ist eine wichtige Ergänzung. Allerdings hütet sich dieser Theologe vor jeder Art von »Gott ist«-Sätzen und weigert sich, losgelöst vom fühlenden und bekennenden Menschen von ihm zu reden.
Was wird uns zugemutet, wenn wir den Dornbusch nicht mehr außen sehen dürfen, nur noch innen? Wurden Jesaja dann auch keine glühenden Kohlen vom Engel an den Mund geführt – und Paulus bei Damaskus, hat er das Licht Christi nur als seelische Vision erlebt?

## Können wir nur in Symbolen von Gott sprechen?

Zwei Sätze wiederholt Drewermann immer wieder: Diejenigen Geschichten, die für den Glauben am bedeutsamsten sind, sind allermeist unhistorisch. Und: Das Allerwahrste unserer Religion läßt sich nur in Symbolen und

Bildern ausdrücken, nicht in Tatsachenberichten oder Lehrsätzen. Drewermann: Die religiöse Sprache der Bibel »erzählt niemals rein äußere Tatsachen, sondern sie erzählt die Bedeutung der Tatsachen, wie sie auf die Psyche der Zeitgenossen gewirkt haben« (WdH III,124). Außerordentliche Ereignisse, die von Gott her kamen, geschahen niemals in der Gestalt, in welcher es uns in der Bibel erzählt wird – bildlich-legendär –, sondern nur in der Form innerer Erfahrungen der Menschen, welche, sagt Drewermann, nicht anders konnten, als ihre Erfahrungen in symbolisch-märchenhafter Form auszudrükken. Jungfrauengeburt, Seewandel, Verklärung Jesu, Auferstehung und Himmelfahrt sind demnach »so« nicht passiert, vielmehr sind diese Erzählungen die Symbolfassung des innerlich, im Glauben Erlebten. Vor allem durch die Beschäftigung mit den Traumbildern hat die Tiefenpsychologie erkannt, »daß es eine objektive, dem Subjekt vorgegebene Wahrheit des Symbolischen gibt« (WdH III,68f.). Das bedeutet: In den Symbolen ist die religiöse Wahrheit enthalten wie der geheimnisvolle Inhalt in der goldenen Nuß mancher Märchen.

Kann das sein? Gibt es also nichts Faktisches mehr? Was wird aus den Tatsachen der christlichen Heilsbotschaft? Sind die schönsten Geschichten von Jesus allermeist so nicht geschehen? Ist das, worauf es im Glauben ankommt, nur symbolisch-bildlich zu verstehen? Woran glaubt Drewermann: an die Wahrheit der Symbole oder an die Wahrheit Gottes? »Symbol« – ist es das, worin sich letztlich alles auflöst?

## Ist die Bibel nur wahr, sofern sie uns heute betrifft?

»Die Frage ist *niemals,* ob es Rahel, Jakob oder Esau vor 2800 Jahren gegeben hat, sondern wo es *heute* Rahel, Jakob oder Esau in uns und neben uns gibt. Diese Gestalten leben immer« (WdH I,85). Auf den Überresten der Vergangenheit suchend, können wir nicht zu Gott finden. Drewermann zitiert dazu Meister Eckhart: »Nur das Gegenwärtige meint Gott.« »Eine historische Fragestellung ist niemals eine religiöse Fragestellung. Gott ist kein Gott der Toten, sondern der Lebenden« (WdH II,170). Es gibt nach diesem Autor eine seelische »Gleichheit«, die die damals lebenden Menschen religiös mit uns Heutigen »gleichzeitig« macht. Zu allen Zeiten und Zonen können Menschen das Wesentliche der Bibel verstehen, weil es ein menschheitliches Reservoir an inneren Bildern gibt, welches unabhängig von einer Religion besteht und in der Lage ist, die Tradition immer neu aufzuschließen und zu vergegenwärtigen. »Gleichzeitigkeit« ist für Drewermann nicht nur eine tiefen-religiöse Gegebenheit, sondern auch eine Forderung, in der Bibel immer sich selbst zu suchen, nicht etwas Fremdes. Erst wenn ihr Wort in unserer eigenen Existenz ihre Kraft entfaltet hat, ist ihre Botschaft ans Ziel gekommen.
Kann das sein? Was heißt das alles für die geschichtliche Einmaligkeit der Bibel? Meint Drewermann etwa, daß das Einmalige von damals in seiner Existenz ganz davon abhängig ist, daß wir Heutigen es auch noch mit Leben erfüllen können? Sind einzig die Bilder, die in uns selber liegen, der Schlüssel für die Erfassung der Gottesgeschichte? Gibt es keine biblische Wahrheit, die unabhängig von uns wahr ist?

## Ist das Christentum keine Lehre mehr – nur noch Gefühl?

»Jesus hat uns zunächst nicht eine neue Lehre hinterlassen, sondern eine tiefere Art des Vertrauens« (PuM I,262). Seine Botschaft kam aus der Mitte seiner Existenz, nicht aus schriftgelehrter Bildung: »Hütet euch vor denen in den langen Gewändern!« sagt Jesus zum Volk, und »Wehe euch, ihr Schriftgelehrten«, die ihr die gelebte Religion mit euren Vorschriften und Gesetzeskommentaren verderbt! Einer Theologie, die aus Existenzwahrheiten objektiv gültige Lehrsysteme macht, wird von Drewermann der Kampf angesagt: »Ich verlange nichts mehr und nichts weniger als ein Ende des objektiven Dozierens in Sachen Christentum, ein Ende des existentiell unbeteiligten, erfahrungslosen Redens über die ›Geheimnisse Gottes‹« (Früchte, 32). Gott will gelebten Glauben, nicht die Übernahme einer Doktrin, Nachfolge mit Engagement, nicht Altertumsverehrung, Bekenntnis aus der Mitte der eigenen Person, kein Nachsprechen auswendiggelernter Credos! Also weg mit den historischen Exegeten, mit den Dogmatikern des Lehramts, mit den schriftgelehrten Kanzelrednern, solange sie nur ihre »objektiven« Lehren vortragen und damit das Feuer des Glaubens auf kleinster Flamme weiterreichen!

Darf das sein? Herrscht also nur noch das Gefühl, die Subjektivität? Kann über Gott nichts Absolutes mehr gelehrt werden? Sollte sich das Christentum von seiner Theologenschaft verabschieden? Beruht der Glaube einzig auf den Tiefen und Höhen der eigenen Existenz? Löst er sich damit nicht in heiße Luft auf?

## Botschaft Gottes aus den Träumen?

»Man lese doch einmal die Bibel wie die eigenen Träume« (WdH I,85). »Die Religion des Christentums müßte die Wundererzählungen des Neuen Testaments so lesen, wie wenn man einen Traum von Gott her in die Seele bekommen hätte« (WdH I,149). »Nicht die Welt der Fakten und Gedanken, sondern die Welt der Träume ist Ausgangspunkt des Religiösen« (Früchte, 72). »Weil die Träume wesentlich Gottes Sprache sind, verlange ich heute, 87 Jahre nach dem Erscheinen von Freuds ›Traumdeutung‹, daß die Theologie, die Exegese insbesondere, endlich die Wege wiedererlernt, auf denen mittels göttlicher Träume (im Vorgriff auf das, was heute Psychoanalyse heißt) die Ärzte des Asklepios damals, die Schamanen der Völker noch heute, Menschen zu heilen vermochten und vermögen« (Früchte, 73).
Ist das nicht die schwierigste Provokation? Die christliche Botschaft als Traum, Schaum, Illusion und Beliebigkeit? Ist der von Freud wiederentdeckte und mit Bedeutung erfüllte Traum nun die Quelle der Weisheit und Gotteserkenntnis, ähnlich wie die Ägypter glaubten? Kommt nur noch das Unbewußte in Frage als »Nachrichtenmedium« Gottes, nicht mehr auch das Bewußtsein? Gibt es dann keinen Unterschied mehr zwischen der religiösen Traumpoesie unserer Seele und göttlicher Offenbarung? Wo ist der Bezug auf das »äußere Wort«, das dem Protestantismus so wichtig geworden ist? Geben nicht Altes und Neues Testament diesem Wort klaren Vorrang vor den inneren Bildern? Müssen wir, um mit Gott in Verbindung zu kommen, wirklich, wie Drewermann sagt, bei den Schamanen in die Schule gehen,

die ihre Kinder das Träumen von religiösen Träumen lehrten?

## Religion aus der Kraft der unbewußten Bilder?

»Solange es Menschen gibt, sind sie unterwegs zu Gott. Und schon daß sie Gott suchen, zeigt, daß Gott den eigenen Wunsch, die eigene Sehnsucht in das Herz des Menschen gesenkt hat in einer Fülle von Bildern...« (WdH III,50). »Die Bilder der Seele nicht zu verstehen bedeutet..., die einzige Sprache nicht zu verstehen, in der Göttliches wirksam sich mitteilen kann« (Früchte, 72). Mit diesen »Bildern« meint Drewermann die psychische Gestalt einer Urberührung Gottes mit dem Menschen, welche sich schon im Lauf der Jahrtausende vollzogen hat. Unsere Gottesvorstellungen sind dadurch nur teilweise Bestandteil unseres Bewußtseins, zum anderen Teil gehören sie als tiefe Urprägungen dem Bereich des Unbewußten an. Die Bilder und die Träume entstammen derselben seelischen Schicht. Drewermann mißt den Bildern auch theologisch hohe Qualität bei, indem er sagt, daß sie, obwohl nicht göttlich, mit göttlicher Offenbarung in wirklicher Beziehung stehen können. In den Bildern, die in unsere Seele gelegt wurden, träumte Gott von Anfang an seine Träume in uns, »um uns in Ahnung und Verheißung zu zeigen, wozu wir wesenhaft bestimmt sind« (Früchte, 72).
Können innere Gottesbilder so bedeutungsvoll sein? Sogar wichtiger als die Worte und Gedanken der Bibel? Welches Verständnis hat Drewermann von Offenbarung, wenn diese sich auf tiefenseelische Vorgänge bezieht und nicht mehr auf Ereignisse mit bestimmten Personen und

den Empfang eindeutiger Botschaften? Was wird aus dem Glauben in unserem Bewußtsein, wenn dem Unbewußten solche Bedeutung zugemessen wird? Kommen aus der seelischen Tiefe nicht auch dunkle Mächte, viel eher als göttliche Erleuchtungen? Liefert Drewermann die ganze Religion an die Psychologie aus?

## Das Christentum – eine Universalreligion?

Immer wieder spricht dieser Autor davon, daß wir von den alten Religionen sehr viel übernommen hätten: Es sei möglich und nötig, daß wir in unserer Religion die uns äußerlich fremd anmutenden Stoffe der anderen Religionen wiedererkennen und sie als Bereicherung und Vertiefung benützen (Krieg, 368). Weiter betont er, daß die Grundlagen der Religionen eigentlich überall sehr ähnlich seien: »Die Religion, in Gedanken gefaßt, ist je nach Volk und Kulturkreis verschieden, aber ihre Wahrheit, niedergelegt in ... Riten und Symbolen, ist überall die gleiche. In allen Menschen lebt ein unbewußtes Wissen um ein Absolutes« (TuEx I,71). »Es sollte daher«, so folgert er, »die vorrangige Aufgabe aller Religionen sein, ihre gemeinsamen Symbole, Riten und Überzeugungen nicht länger als etwas Trennendes, sondern endlich als etwas über Zeit und Raum hinweg Verbindendes zu verstehen« (Krieg, 366). Für uns Christen bedeutet das, daß wir den eigenen Anspruch auf Ausschließlichkeit der Wahrheit aufzugeben hätten und die Erkenntnis der anderen Religionen stärker anerkennen müßten. »Die Ökumene wird solange scheitern, als sie in ihrer innerchristlichen Enge verharrt und sich nicht selbst als menschheitliche Aufgabe begreift« (Krieg, 359).

Nur eine Besonderheit anerkennt Drewermann im Christentum. Das Spezifische unserer Religion sei, wie sie auf das Phänomen der Angst eingeht: »So verstehe ich Gethsemane und Golgatha als Durcharbeiten eines Extrems von menschlicher Angst und Erlösungsbedürftigkeit« (Gespräche, 81). »Bezogen auf dieses Thema ist Jesus wirklich ›der Heiland der Welt‹ (Joh 4,41)« (Früchte, 61). Ist es Ziel Drewermanns, eine universale Menschheitsreligion entstehen zu lassen? Muß nicht jede Religion, um zu leben, sich selbst für wahrer halten als die anderen Glaubensangebote? Verlieren wir Christen durch die verlangte Öffnung und Gleichstellung nicht unsere Einzigartigkeit? Hatten wir nicht geglaubt, das absolut Besondere unseres Glaubens sei die Botschaft von der Erlösung? Ist es nicht sehr wenig, wenn davon nur das »Durcharbeiten der menschlichen Angst und Erlösungsbedürftigkeit« übrigbleibt? Was bleibt vom Christentum übrig?

Drewermann konfrontiert uns mit sehr vielen Herausforderungen. Es kann aber sein, daß er für die Zweifler und Wahrheitssucher unter den heutigen Menschen eine Form anbietet, das Religiöse zu verstehen bzw. einen neuen Zugang dazu zu finden. Es ist, was die Bibel betrifft, ein Zwischenweg zwischen dem fundamentalistischen Fürwahrhalten des Buchstabens und dem kritischen Ablehnen alles »Übernatürlichen«, »Wunderhaften« in der Bibel. Auf alle Fälle lohnt es sich, sich mit der psychologischen Theologie Drewermanns näher zu befassen. Man wird sehen, daß dieser Mann die Religion keineswegs zerstören will, sondern daß es ihm ganz allein darum zu tun ist, unseren Glauben zu stärken.

# II Glauben aus der Kraft der inneren Bilder C. G. Jung und »Tiefenpsychologie und Exegese«

Die 1984 und 1985 erschienenen Bände von »Tiefenpsychologie und Exegese« (zusammen 1400 Seiten; 1992 schon 8 Auflagen) haben eine breitere Öffentlichkeit auf Drewermann aufmerksam gemacht. In diesem Werk hat Drewermann die tiefenpsychologischen Erkenntnisse des Schweizer Psychoanalytikers Carl Gustav Jung (1880–1963) konsequent und umfassend auf die Bibelauslegung und das Verständnis der Religion angewendet. Mit seinem ungewohnten, so sehr psychologischen Zugang zu den biblischen Texten hat »Tiefenpsychologie und Exegese« auf viele Leser aufwühlend und umstürzend gewirkt. Im Raum der katholischen Kirche entbrannte ein Streit um die tiefenpsychologischen Deutungen Drewermanns – ähnlich wie vor 40 Jahren in der evangelischen Kirche um die sogenannte »Entmythologisierung« der Bibel durch Rudolf Bultmann.

## *Einige Grundsätze der Psychologie C. G. Jungs, die Drewermann übernommen hat und anwendet*

1. Im religiösen Bereich steht die *seelische Erfahrung* über den geistigen Vorstellungen und theologischen Gedanken. Jung: »In religiösen Dingen kann man

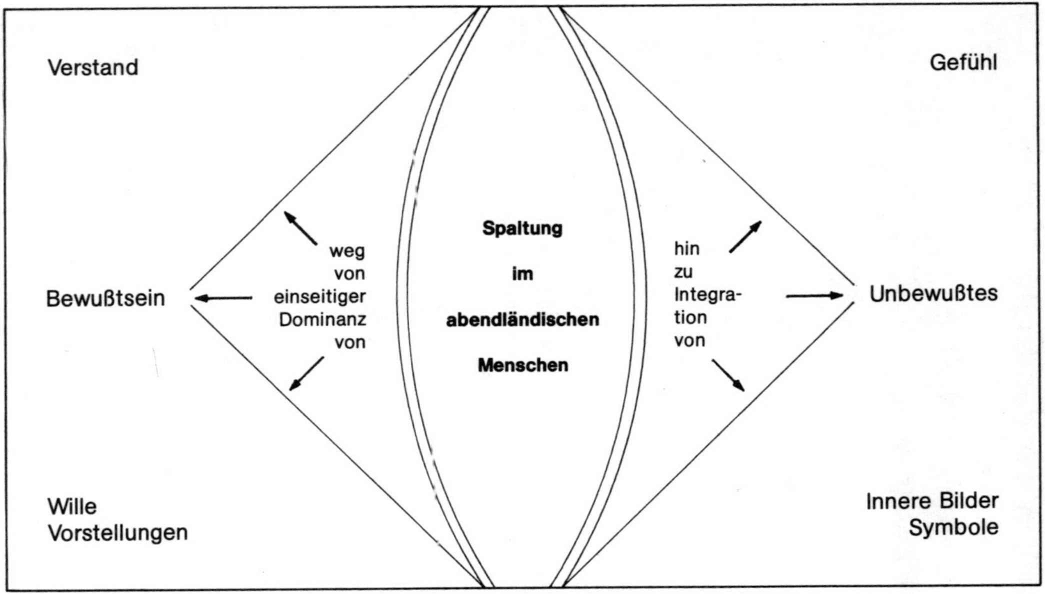


*»Die Bilder der Seele nicht zu verstehen, bedeutet…, die einzige Sprache nicht zu verstehen, in der Göttliches wirksam sich mitteilen kann« (Früchte, 72).*

bekanntlich nichts verstehen, was man nicht innerlich erfahren hat.«[1] Die Seele ist religiös kein »Nur«, sondern hat eine hohe Bedeutung: »Es wäre eine Blasphemie, zu behaupten, daß Gott sich überall offenbaren könne, nur gerade nicht in der menschlichen Seele. Die Innigkeit der Beziehung zwischen Gott und Seele schließt jede Minderbewertung aus.«[2]

2. Unser Denken und Fühlen im Abendland ist geprägt – und verdorben – durch das Prinzip der Rationalität und durch eine einseitige Fixierung auf Fakten und äußerlich wahrnehmbare Realitäten. Diese *Bewußtseinseinseitigkeit* wirkt bis ins Religiöse hinein und führt dort zu schweren Mißverständnissen. Die Wirklichkeit des Religiösen hat aber mit der Welt der äußeren Dinge und physikalischen Fakten wenig zu tun, sondern ist seelischer, innerlicher, symbolischer Natur. »Es kann daher der Fall eintreten, daß ein Christ, der zwar an alle heiligen Figuren glaubt, doch im Innersten der Seele unentwickelt und unverändert bleibt, weil er den ganzen Gott ›draußen‹ hat und ihn nicht in der Seele erfährt.«[3]

3. Das Bewußtsein erfaßt nur den geringeren Anteil derjenigen Wirklichkeit, die wir im Glauben meinen und fühlen. Der größere Anteil ist lebendig und wirksam im Bereich des *Unter- oder Unbewußten.*

4. Es gibt ein individuelles Unbewußtes und ein *kollektives, menschheitliches.* Die Grundkonstanten des Religiösen in der Seele gehören zum kollektiven Erbe.

5. Das Religiös-Unbewußte meldet sich nicht in Gedanken oder Satzwahrheiten. Seine Sprache ist die der *Bilder, Symbole, Träume und Mythen.* Die Bilder sind menschheitlicher Besitz und haben Verwandtschaft mit der inneren, seelischen Struktur des einzelnen.

6. Es gibt religiöse *Bilder des kollektiven Unbewußten*, die Menschen zu allen Zeiten und Zonen bewegen. Solche überzeitlichen und überkulturellen Bilder sind: der Himmel als Wohnort Gottes, Bilder der Götter bzw. Gottes, Vorstellungen vom Gericht am Ende des Lebens, Bilder von Höllenfahrt, Auferstehung, Wiedergeburt und ewigem Leben.

7. Auch *»Christus«*, der Titel Jesu, der ihn als Messias bezeichnet, ist ein kollektives seelisches Symbol, das vor zweitausend Jahren lebendig war und noch heute lebendig ist. Damals wurde dieses innere menschheitliche Bild auf die historische Person des Jesus von Nazareth übertragen.

8. »Christus« als seelische Wirklichkeit im einzelnen Menschen ist im Herzen des Glaubenden gleichzeitig ein Symbol für die *Ganzwerdung, Heilung, Erlösung* des Menschen, der auf dem Weg zu Gott auch *eins wird mit sich selbst.* Gottfindung und Selbstfindung stehen in enger innerer Beziehung zueinander.

9. Wer nach der Weise C. G. Jungs im Glauben zu Gott finden will, dem *nimmt* die psychoanalytische Durchdringung der religiösen Erscheinungen die *äußerlichen Haltstrukturen:* äußerliche göttliche Geschichtstatsachen oder heilige Orte; äußerlich verstandenes Wort Gottes in der Schrift; im äußeren, sichtbaren Sinn von Gott beauftragte Kirche. Nach Jung gilt es, ohne den Halt dieser Strukturen, innerlich, gefühlsmäßig und symbolisch zu erfahren, was uns Gott näher bringt.

10. Weil auch im Christentum viele sogenannte heidnische Vorstellungen weiterleben und weil viele religiöse Urbilder menschheitlicher Besitz sind, kann der *Absolutheitsanspruch* des Christentums *nicht aufrecht erhalten*

werden. An die Stelle der als ausschließlich verstandenen christlichen Wahrheit tritt die universelle Wahrheit des religiösen Suchens der Menschheit.

## *Urbilder Gottes in der Seele*

Drewermann sagt im Anschluß an Jung: Nicht allein im Lauf der biblischen Geschichte, sondern im Lauf der ganzen Evolutionsgeschichte der Menschheit hat der lebendige Gott sich offenbart. Wir wissen von der fortdauernden Ahnung von Gott und Sehnsucht nach ihm in der Geschichte der Völker bis heute, und als Spuren göttlicher Selbstkundgabe können wir die sich entwickelnden Gottesbilder in der Seele der Menschen und Völker erkennen. Psychologie, vergleichende Religionswissenschaft und Völkerkunde lassen durch ihre Forschungen erkennen, daß die Fähigkeit und der Wunsch des Menschen, sich Gott (bzw. Göttern) nahe zu fühlen und sich glaubend an ihn (sie) zu wenden, zu den Ursprüngen der Menschheit gehört. Auch in der Entwicklung jedes einzelnen Menschen vom Kind zum Erwachsenen kehren bestimmte Entwicklungen des Gottesbildes, wie sie sich in der Menschheitsgeschichte feststellen lassen, wieder. In diesem Zusammenhang spricht Jung – als Psychologe mit wissenschaftlichem Interesse an Religion – von »seelischen Tatsachen, die man nur übersehen, aber nicht wegbeweisen kann«[4]. Und er meint: »Eines ist sicher, daß die Seele kein ›Nur‹ sein kann, sondern die Dignität eines Wesens hat, dem es gegeben ist, einer Beziehung zur Gottheit bewußt zu sein. Wenn es auch nur die Beziehung eines Tropfens zum Meere ist...«[5]

Als gläubiger Theologe drückt Drewermann dasselbe so aus: »Ganz sicher hat Gott sich nicht vertan, als er uns Menschen eine Fülle von Bildern mit auf den Weg gegeben hat, die sagen, wie er ist. ... Und schon, daß die Menschen Gott suchen, zeigt, daß Gott den eigenen Weg, die eigene Sehnsucht in das Herz des Menschen gesenkt hat in einer Fülle von Bildern« (WdH III,50). Und in Worten der Evolutionslehre: »Ich glaube, daß Gott uns nicht erst seit ein paar tausend Jahren sucht, sondern daß er uns gesucht hat in dem Moment, als er uns schuf und bei uns war in all den Formen, durch die unsre Seele selbst geprägt wurde, daß die ganze Evolution ein Suchen Gottes nach dem Menschen ist« (WdH II,130). Die geheimnisvolle Wirkung der Ein-Bildung Gottes im Menschen könnte man mit der Wirkung des Lichts aufs Auge vergleichen, wie Goethe sagte: »Das Auge hat sein Dasein dem Licht zu verdanken..., und so bildet sich das Auge am Lichte fürs Licht.«
Eine Existenz innerer Bilder ist Voraussetzung dafür, daß die christliche Botschaft dann in uns Raum gewinnen kann. Weil dort schon Vorstellungsgefäße und Symbolbilder für so etwas wie Gott, Schöpfung, Kindwerdung Gottes, Höllenfahrt, Auferstehung und Himmelfahrt des Gottessohnes, Gericht und ewiges Leben vorbereitet sind, deshalb können die Elemente des christlichen Glaubensbekenntnisses in uns Fuß fassen. Drewermann würde sagen: Träumte Gott nicht von Anbeginn diese Träume von Menschwerdung und Erlösung in unserem Herzen, wir könnten nicht glauben. Die von Gott kommenden Bilder steigen von unserem Unbewußten herauf und helfen uns, Gott dann auch im Bewußtsein zu glauben, so wie es unser Glaubensbekenntnis ausformt. Die

Bilder sind lebendig und wirksam, auch wenn viele Menschen sie beinahe in sich verschüttet haben.
Gott ist nicht identisch mit den Bildern, aber etwas Wirkliches von ihm muß doch darin lebendig sein, meint Drewermann. Sie dürfen nicht einfach Bildprojektionen der Seele sein, die gar nichts mit dem »echten« Gott zu tun haben. Die im Christentum gewohnte Abwertung der inneren Bilder ist gleichbedeutend mit einer Abschnürung der Seele, die doch das Organ ist, durch das wir einzig mit Gott Verbindung haben können: »Die Bilder der Seele nicht zu verstehen, bedeutet *ipso facto,* die einzige Sprache nicht zu verstehen, in der Göttliches wirksam sich mitteilen kann« (Früchte, 73). Denn Gottes Offenbarung kann »niemals anders als in dem Symbolimus der menschlichen Seele erscheinen, wenn sie als göttliche Offenbarung sich mitteilen soll« (aaO., 19).

## *Bild und Traum in der Bibel*

»Nicht die Welt der Fakten und Gedanken, sondern die Welt der Träume ist Ausgangspunkt des Religiösen« (Früchte, 72). Weil das so ist, gelte es heute, meint Drewermann, den Standpunkt, den der auf die Bibel zugehende Ausleger einnimmt, »umzukehren und *mit dem Traum, nicht mit dem Wort zu beginnen*« (TuEx I,92f.). So werde die Auslegung des Neuen Testaments »vom Kopf wieder auf die Füße gestellt« (aaO., 16), das heißt vom Verstandesmäßigen ins Gefühlsmäßige zurückgeführt, von der Sprache zu den viel ursprünglicheren Bildern, von der Vorherrschaft des Bewußtseins zur Einbeziehung des Unbewußten.

Nicht mehr »von außen« (»es steht geschrieben«) oder »von oben« (»so hat sich Gott offenbart«), sondern von unten, vom Menschen her, und von innen, von seiner Erfahrung aus, will Drewermann auf die Bibel zugehen und ebenfalls innerlich, mit der Kraft der eigenen Bilder im Ausleger, auf sie hören. Nur die innere Erfahrung der Menschen, die in biblischer Zeit lebten und schrieben, zählt, und nur an sie können wir mit unserer eigenen Erfahrung anknüpfen. Drewermann erklärt nun – recht überraschend und für viele unverständlich – den Traum, die »dunkle Bewegung der Seele«, zum Urkern vieler biblischer Texte. Aber »Traum« bedeutet dabei die Gesamtheit innerer Erfahrungen, von denen der Schlaftraum nur ein Einzelfall ist. Sicher stellt Drewermann den »Traum« so provozierend in den Raum der Exegese, weil er für die psychoanalytische Behandlung so aufschlußreich und unverzichtbar geworden ist.

*Der Traum in der Psychoanalyse:* Er ist als die Via Regia, der Königsweg, zum Unbewußten erkannt worden. Vor 80 Jahren hat darum S. Freud begonnen, die Besprechung von Träumen zum wichtigsten Mittel der psychoanalytischen Therapie zu machen. C. G. Jung hat sich ihm darin angeschlossen: Träume liefern die für die Heilung wegweisenden Bilder. Über die eigenen Traumwahrnehmungen sagte Jung: »Sie bilden zugleich den Urstoff meiner wissenschaftlichen Arbeit. Sie waren wie feurigflüssiger Basalt, aus welchem sich der zu bearbeitende Stein auskristallisiert.«[6]

*Der Traum und die Erfahrung des Religiösen:* Schon bevor es Sprache gab, gab es Religion, stellt Drewermann fest. Und bis heute gilt: »Die träumende Imagination, nicht das begriffliche Denken bestimmt die Grunderfahrungen des Religiösen, und stets ist der Gedanke später und oberflächlicher als das Bild« (TuEx I,16f.). Traum als elementares Erleben ist der »Vater aller Dinge, die für die Religion belangvoll sind« (aaO., 155). Es gibt den Traum im Schlaf und die Träumerei im Wach- oder Halbwachzustand. Im ersten Sinn ist der Traum Ursprung vieler religiöser Phänomene: Ahnenkult, Seelenwanderung, Geisterglaube, Orakel, Magie, Wunderheilung und Heilschlaf (s. aaO., 116–132). Im zweiten Sinn ist das Träumen gleichbedeutend mit der Schöpfung von religiösen Hoffnungsbildern, Visionen, Bildern, Liedern, Gebeten und Dichtungen.

*Der Traum und die Geburt biblischer Texte:* Nach der inneren Erfahrung, die der betroffene Mensch oft im Traum oder »wie im Traum« mit Gott gemacht hat, erwächst nun die weitere Formbildung: Aus dem Traum »versteht und entwickelt sich der Mythos, aus ihm das Märchen und, an der Grenze zum Historischen, die Sage und Legende... Vom Traum her geben sich die Erscheinungs- und Berufungsgeschichten zu verstehen« (aaO., 17). Zu diesen religiösen Ausdrucksformen verdichten sich bestimmte traumnahe Erlebnisse, wobei das Unbewußte sich in einem inneren Prozeß selbst organisiert und symbolische Brücken zum Bewußtsein baut. Unters Volk und aufs Papier kommen die Erfahrungen mit Gott dann in der Form von Wundergeschichten, Bilderreden und Symbolerzählungen.

Drewermann bringt seinen Neuansatz der Exegese provozierend vor, aber er tut das mit Begründung! Denn allzu lange wurde nur auf den bewußten Aussagesinn eines Bibeltextes oder auf die Sprache der »historischen Tatsachen« in der Bibel gehört. Auch wenn sich unter Drewermanns Auslegung der feste Gottes-Wort-Zustand der Heiligen Schrift gleichsam zu verflüssigen oder zu verflüchtigen scheint – es ist von vielen ernstzunehmenden Forschern verstanden worden, daß das Verständnis vom Unbewußten und von den tiefen seelischen Prozessen im Menschen, wie sie von der Psychoanalyse erforscht und beschrieben wurden, für den Zugang zu den biblischen Texten auf jeden Fall weiterführend ist.

*Der Traum beim Lesen und Meditieren der Bibel:* Wenn wir die Bibel mit Herz und Gemüt lesen, dann bewegt das Bewegende von damals auch uns Heutige. Es ist dabei wertvoll, sich immer wieder bewußtzumachen, daß man nicht Tatsachenberichte liest, auch nicht vom Himmel gefallene göttliche Wahrheiten, sondern Seelengeschichten. Es gibt vielleicht ein durch die Moderne erschwertes Bibel-Studieren in der Form eines »Traum-Lesens«, wie es geschehen kann bei der Meditation biblischer Texte in der Stille, mit geschlossenen Augen. Doch wenn wir es versuchen, können auch wir dahin kommen, »die ewigen Träume Gottes im Herzen der Menschen, die gerade ihrer überzeitlichen Wahrheit wegen auch in der Bibel Eingang finden mußten und, Gott sei Dank, gefunden haben« (TuEx II,21), nachzuträumen und weiterzuträumen.

*Religion – Traumform oder Sprachform?* Man wendet gegen Drewermann ein, die Predigt sei doch ein Sprachgeschehen und kein Bildermalen, und die Bibel sei doch das *Wort* und nicht der *Traum* Gottes. Immer seit Luther sind wir gewohnt, so zu denken. Dabei ist uns nicht aufgefallen, wie ausschließlich und einseitig wir das Geschehen göttlicher Offenbarung auf die Ebene des Denkens, Wissens, bewußten Wollens und Handelns gehoben haben. Drewermann möchte die Religiosität durch die Einbeziehung des Unbewußten erneuern, damit wir nicht länger, wie er sagt, von Gott seelenlos sprechen. Das Wunderbare an der hier entstehenden Form des Zugangs zur Bibel ist, daß die Texte dadurch plötzlich nicht mehr hart klingen, als göttliche Faktenberichte oder Tatsachenformulierungen, sondern auf einmal samtweich und fließend wirken, als Äußerungen von Gefühl und Sehnsucht, Traum und Vision.

*Biblische Konkretion:* Drewermann: »Wenn die Religion ihr Ziel erreicht (am ›Ende der Tage‹), verheißt der Prophet Joel (3,1), wird es so sein: ›Eure Greise werden Träume haben und eure Jünglinge Gesichte schauen‹... Ganz entsprechend schildert denn auch das Neue Testament, wie die Ankunft des Erlösers sich durch Erscheinungen und Träume vorbereitet. Die ›Träume um die Geburt Christi‹ z. B. (Josephs Träume, der Traum der drei Weisen) bezeugen durch sich selbst, daß es nach der Erstarrung des Spätjudentums, nach dem Ersterben prophetischer Gesichte, wieder möglich ist, Gott in den Weisungen der eigenen Seele zu erfahren; und die Traumgesichte des Kornelius und Petrus (Apg 10; 11,5) später markieren geradezu den Wendepunkt der frühen Kirche aus der Enge der jüdischen Gesetzesreligion hin zur Botschaft für alle Völker, und ebenso wird die Mission des Paulus an entscheidenden Stellen von Traumgesichten geleitet (Apg 16,9; 18,9)« (TuEx I,102). Und wie viele Träume stehen in der Bibel, die nicht nachts geträumt wurden!

## *Die religiöse Wahrheit wirkt lebendig in Symbolen*

»Nach einer Vorlesung kam ein Priester zu mir und sagte: ›Herr Drewermann, ich möchte Sie fragen: Glauben Sie an die Wunder Jesu?‹ Ich sage: ›Herr Confrater, sicher glaube ich an die Wunder Jesu.‹ ›Nein‹, sagte er, ›bei Ihnen will ich es genau wissen: Glauben Sie zum Beispiel, daß Jesus über das Wasser gegangen ist?‹ Ich sage: ›Ja, ich glaube, daß Jesus über das Wasser gegangen ist.‹ ›Nochmals frage ich‹, spricht er, ›meinen Sie das wirklich oder symbolisch?‹ Dann sage ich: ›Jetzt weiß ich nicht mehr, wonach Sie fragen, denn ich glaube, daß die religiöse Wirklichkeit *nur* symbolisch ist. Es ist die einzige, die wirklich *wirkt*« (WdH I,86).

Drewermann möchte damit sagen: Wenn sich die religiöse Wirklichkeit in Symbolen zum Ausdruck bringt – wie hier mit dem inneren Symbol vom Gang Jesu über das Wasser –, dann erleben wir so die einzige Form, wie jene Wirklichkeit sich überhaupt mitteilen kann, die einzige, in der sie uns beeinflussen, auf uns wirken kann. So, wie wir im Traum Symbolbilder formen, die uns etwas Wesentliches verschlüsselt zurückmelden, so bildet auch die religiöse Erfahrung ihre Bilder und Szenen. Petrus, der mit Gewißheit glaubt, daß Gott ihm über dem Abgrund der Welt entgegenkommt, sieht ihn in der Person Jesu bildlich auf Wellen wandeln, bzw. ist es Mat-

thäus (Kap. 14,29), der aus der wunderbaren inneren Erfahrung seines Glaubens diese Szene erstehen läßt.
Man kann nun fragen: Was ist damit aus der herrlichen Seewandel-Geschichte geworden? Ein Märchen, eine unhistorische Fabelgeschichte? Was wird aus allen anderen wunderbaren Begebenheiten der Bibel? Drewermann bringt es auf den Punkt: Gerade die wichtigsten Aussagen des Neuen Testaments kommen im Gewand des Wunders zu uns, das einer geschichtlichen Überprüfung nicht standhalten kann. Doch damit sind diese Aussagen keineswegs hinfällig! »An jeder Stelle, die religiös relevant ist, verhüllt ein Schleier aus Mythos, Legende, Wunder und Vision die historische Wirklichkeit, die niemals anders als in dem Symbolismus der menschlichen Seele erscheinen kann, wenn sie als göttliche Offenbarung sich mitteilen soll. … Deshalb gilt es, den verlorenen Außenhalt der biblischen Erzählungen innerlich wiederherzustellen« (Früchte, 19f.). Äußere Geschichtstatsachen von Jesus Christus kann man zur Kenntnis nehmen und ad acta legen. Symbolgeschichten aber bewahren uns die wirkliche innere *Bedeutung* Jesu für die damaligen Menschen so auf, daß sie für uns – und für Menschen zu allen Zeiten und an allen Orten – wieder zum Erlebnis werden können.
*Darum,* meint Drewermann, sollte man die religiös wichtigen Texte der Bibel innerlich lesen, »wie wenn wir sie selber in der letzten Nacht geträumt hätten« (WdH I,81), bzw. ihnen so zuhören, »wie man seinem besten Freunde zuhören würde: mit einem ständigen Interesse nicht für die *Tatsachen* seiner Mitteilungen, sondern für den *emotionalen Bedeutungsgehalt* seiner Äußerungen« (TuEx II,784).

*Biblische Konkretion:* Die bis in die Fernsehdiskussionen mit Drewermann oft angesprochene Problematik der *Jungfrauengeburt!* Warum können sich die Gemüter gerade daran so erhitzen? Weil es sich dabei um Stand oder Fall einer für den Glauben wichtigen Heilstatsache handeln würde? Nein, sondern weil es die Symbolform einer Erfahrung ist, die offenbar auch uns Heutige in *eben dieser Form* noch eher erreicht als in der Form der rationalen Erklärung. Drewermann kann mit unzähligen Beispielen aus allen Religionen dartun (vgl. TuEx 393ff.), daß das Symbol jungfräuliche Geburt des Gottes oder Gottmenschen ein kollektiv verfügbares Bild ist, um das Geheimnis: Wie kann Gott Mensch werden? auszudrücken (z. B. Buddha-Legende: Seine Mutter empfing nachts im Traum auf einer Wolke in einem himmlischen Palast von einem Engel in Gestalt eines weißen Elefanten das Kind, das sie nach 10 Monaten jungfräulich gebar). Dieses Symbol der nicht auf irdisch-biologische Weise geschehenen Empfängnis in unserer Weihnachtsgeschichte kann also nichts mit der tatsächlichen Geburt des Jesus von Nazareth aus der Verbindung seiner Eltern zu tun haben. Was es aber seelisch für eine eminente Bedeutung hat, als goldene Schale für einen unaussprechlich kostbaren religiösen Inhalt, der Geburt des göttlichen Kindes, das zeigt die ungebrochene, ja wachsende Freude der Menschen am Weihnachtsfest, das legt aber auch Drewermann in sehr vielen wunderbaren Interpretationen dar (s. z. B. TuEx I,504–509).[7] Wenn man anfängt, sich mit der Gefühlsbedeutung der biblischen Symbolgeschichten für uns zu beschäftigen, wie sie gerade die Tiefenpsychologie aufzuspüren in der Lage ist, kommt man aus dem Staunen nicht heraus. Die wunderbare Geschichte von der Jungfrauengeburt ist nur eines der Beispiele dafür.

## *Tritt die Geschichte, in der sich Offenbarung ereignet, nun in den Hintergrund?*

Überzeitlich ist die Bedeutung der Symbole, alle Menschen können sie zu ihren Zeiten verstehen. Wichtiger als die historischen Fakten der biblischen Heilsgeschichte ist die innere Erfahrung der Menschen, die sich in Mythen und Symbolen ausdrückt. Wenn Drewermann (mit C. G. Jung) so spricht, dann, so kann man befürchten, werden sich die Ereignisse, auf denen die Christen ihren Glauben gründen, in Zeitlosigkeit bzw. historische Ungegenständlichkeit auflösen. Wenn Menschen aller Zeiten und Zonen ähnliche Erfahrungen machen wie vor 2000 Jahren die ersten Christen, dann könnte aus dem Einmaligen, für ewig Gültigen das immer gleich Gültige, das historisch Unwichtige, ja letztlich geschichtlich Gleichgültige werden! Was bleibt nach der Reduktion auf das Seelische, Innerliche übrig von der Offenbarung Gottes »in Raum und Zeit«?
Drewermann antwortet mit folgendem schwierigen Satz: »Gerade die ›unhistorischen Erzählungen‹ der Bibel enthalten Wahrheiten, die auch historisch gelten; aber wir finden sie (als geschichtlich!) nur, wenn wir in uns selbst hineinschauen; auf den Steinen der zerstörten Stätten der Geschichte stehen sie nicht« (Früchte, 105).
Um zu verstehen, was hier gemeint sein könnte, ist es hilfreich, die unterschiedliche Bedeutung von »historisch« und »geschichtlich« zu kennen, wie sie sich im

Sprachgebrauch der Theologen zum Teil eingebürgert hat: Danach meint »historisch« die äußere Tatsächlichkeit von etwas, das geschehen ist, »geschichtlich« dagegen bezieht sich auf die innere Wirklichkeit dieses Geschehens. Der verschlungene Gedanke Drewermanns will dann sagen: 1. Die für den Glauben wesentlichsten Geschichten (z. B. Jungfrauengeburt, Seewandel, Verklärung, leeres Grab) sind wirklich unhistorisch. 2. Hinter den mythischen Geschichten stehen aber bedeutsame geschichtliche Erfahrungen der Menschen mit Jesus und mit Gott, die auf die historische Anwesenheit der Person Jesu zurückgehen. 3. Die geschichtlichen Erfahrungen drücken sich nicht auf den Steinen der Geschichte, sondern in Symbolen aus, aber sie wirken in dieser Gestalt auch auf die äußere Geschichte, vielleicht sogar mit noch größerer Kraft. »Gerade das historisch Bedeutsame hat die Macht, in der Tiefe der menschlichen Psyche Bilder zu seiner Deutung auf den Plan zu rufen, deren Bedeutung das einzelne historische Ereignis unendlich überragt« (TuEx I,299). 4. Die Offenbarung Gottes in Jesus Christus ist kein Faktum der äußeren Geschichte, sondern der inneren. Daß Gott in der Geschichte handelt, kann nie Gegenstand einer äußeren Tatsachenbehauptung sein, sondern ist immer Deutung auf der Ebene des Glaubens.

Es geht Drewermann nicht darum, den heiligen Ereignissen ihre Geschichtlichkeit zu rauben, sondern darum, ein anderes, neues Verständnis von Geschichte zu gewinnen. Religion ist danach eine von innen in die äußere Realität wirkende Wirklichkeit, eine aus der Subjektivität sich formende Objektivität, aus der Erfahrung entspringende Aktivität – in dieser Form wird Religion auch

Geschichte. Die einzige Form, in der Religiöses und also auch Göttliches in der Geschichte weiterwirken kann, sind Symbole. Nur über sie werden wir wieder fähig, in die Erfahrung einzutauchen, die die Damaligen machten. Symbole sind dadurch Merkmal dafür, daß die heiligen geschichtlichen Ereignisse von damals wirklich unserer Erinnerung wert sind! Wenn sie auch gegenüber »Fakten« als schwächer erscheinen, so sollten wir doch zuversichtlich sein, daß Gottes Kraft in ihnen mächtig ist.

*Biblische Konkretion:* Der historische Jesus und der Christus des Glaubens. – Zwischen dem Jesus von Nazareth, der in den ersten Jahrzehnten unserer Zeitrechnung gelebt hat, und dem Christus, den das Neue Testament verkündigt, liegt bekanntlich eine Kluft, weil sich das später geglaubte und verbreitete Christusbild nicht in allem mit dem decken kann, was sich im Leben Jesu wirklich ereignet hat, bzw. was er von sich selber sagte oder dachte. Wichtig für die Christenheit ist das spätere Bild, in welchem die Heilsbedeutung Jesu für die Menschen ausgesagt ist. Wie verbindet sich dieses mit der wirklich geschehenen Geschichte Jesu? Drewermann sagt dazu: Man kann »die Offenbarung Gottes in dem Menschen Jesus von Nazareth nicht anders verstehen, als daß von der Person Jesu eine solche Güte und Wärme ausging, daß all die Bilder des Heils, die in der menschlichen Seele angelegt sind, durch seine Nähe auf den Plan gerufen wurden, sich mit seiner Gestalt verbanden und sich zu einem Gesamtgemälde formten, in dessen Widerschein ein jeder Mensch die Wahrheit Christi zu erkennen vermag« (TuEx II,768 f.). Die historische Person Jesu ist für Drewermann also unabdingbar wichtig. Aber in die

Geschichte eingehen und bis zu uns hin Bedeutung gewinnen konnte Jesus nur, weil die zeitlosen inneren Bilder des Glaubens sich mit seiner Person verbanden. Durch diese Verbindung wurde der jüdische Rabbi und Reformer zum Erlöser und Gottessohn.
Drewermann hat uns gesagt, daß auch die inneren Bilder für die Geschichte der Gottesoffenbarung bedeutsam sind, ja daß beide miteinander zusammenhängen. Und daraus folgert er: Nicht weniger Geschichte, »sondern mehr, ungeheuer viel mehr Geschichte, als wir in der christlichen Theologie jemals zu sehen vermocht haben« (Früchte, 109) kommt ins Blickfeld, wenn wir uns dem Spiegelbild Gottes im Tiefen der Seele zuwenden. »Mehr, ungeheuer viel mehr Geschichte« – das ist sowohl zeitlich gemeint, weil jene Bilder sich schon sehr früh gezeigt haben, als auch in bezug auf die Intensität der bilderstiftenden Ereignisse der Geschichte, weil zum Beispiel die Entstehung und Ausbreitung des Christentums ein ungeheurer Vorgang in der Welthistorie war.[8]

## *Unser Zugang zu den Ereignissen, mit denen der christliche Glaube anfing – Drewermanns Brunnengleichnis*

Wie war es damals wirklich, als Jesus Christus lebte? Entfernen wir uns nicht immer weiter vom Ursprung, wie ein Volk, das auf der Wüstenwanderung immer weiter von seinen heimatlichen Brunnenlöchern wegkommt? Geht es nicht jeder Religion so, daß sie durch den Druck der Geschichte unaufhaltsam immer mehr von ihrer Quelle getrennt wird? Wie können wir den wachsenden

Abstand zum Brunnen, der Quelle des Lebens, überbrükken? Drewermann sagt: Zunächst versucht man, den Kontakt zum Ursprung aufrechtzuerhalten, indem man Dogmen erläßt und Traditionen bildet oder in der Geschichte forscht, aber eines Tages wird auch all das von der Vergänglichkeit eingeholt. Und wenn es so weit ist, hilft nur noch eines: selbst wieder einen Brunnen bohren:

»Während am Tage sich die Wüstenei der Zeit trennend zwischen das Damals und Heute schiebt, lagern zweihundert Meter unterhalb der Sahara aus den Niederschlägen vor 10000 Jahren reichlich Wassermengen ... und man muß nur tief genug schürfen, um unterirdisch mit dieser Strömung verbunden zu sein« (TuEx I,15). Es zeigt sich dann, daß das Brunnengeschenk des Anfangs der Religion nicht an derselben Stelle wieder gefunden werden muß, wo es die Alten fanden; an der neuen Stelle kann die Bohrung gleich lohnend sein. Jenes damalige Ereignis der Wasserfindung will hauptsächlich eine Anleitung sein, um selber das Wasser des Lebens zu suchen, denn man kann davon lernen, »in welche Tiefen man selber hinabsteigen muß, um das Wasser des Lebens zu finden« (ebd.). Ist man unten angelangt, dann fällt die Entfernung zum ersten Brunnen dahin: »*Ursprünglich* gelangt man an jeder Stelle der Wüste zum ›Wasser‹« (ebd.).

Es ist uns also möglich, das »Wasser des Lebens« zu finden, auch ohne die Geschichte um 2000 Jahre zurückzudrehen. Es gibt eine Teilhabe am »Ursprung«, die nicht darauf angewiesen ist, die historischen Begebenheiten zur Zeit des Neuen Testaments genau zu rekonstruieren. Wenn wir nur eben dort, wo wir sind, versuchen, uns mit den Segensströmen des Glaubens in Verbindung zu bringen, dann werden wir nicht enttäuscht werden! Zu diesem Ziel gelangen wir durch eigenes Brunnengraben. Drewermann benützt dafür nicht zufällig das Bild von der Tiefenbohrung, denn von der Einkehr in die Tiefe der eigenen Seele, in die Gefühle, Bilder, Träume und Symbole unseres Herzens erwartet er sich am ehesten das Erreichen jenes Wassers. Aus dem Herzen jedes Menschen soll Gott aufs neue reden!

Natürlich, könnte man sagen, ist das gefährlich, denn ist solches eigengebohrte Wasser auch wirklich noch dasselbe, was Christus jener Frau am Brunnen in Johannes 4 anbot? Wie kommen wir zu Jesus Christus in Person selbst zurück, der sich doch bestimmt von den Bildern unseres Herzens unterscheidet?

Dazu würde Drewermann wohl sagen: Die Macht der Bilder läßt uns, wenn nicht mit dem historischen Jesus, so doch mit dem Christus des Glaubens sicher verbunden sein. Denn, wie C. G. Jung lehrt, es gibt eine unterirdische Verbindung zwischen dem Tiefenwasser der damaligen Zeit und dem, welches wir heute finden. Es ist dann zwar nicht mehr dasselbe Wasser – aber das gleiche!

Worauf Drewermann hinaus will, das könnte man wohl auch auf eine andere Weise sagen, die uns geläufiger ist. Leben wir im Glauben nicht sowieso von einer Herzensverbindung mit Christus, die man auch »Höhen«-Verbindung mit dem auferstandenen und erhöhten Herrn nennen könnte? Wenn wir die Bibel lesen oder auslegen, entnehmen wir daraus, was sie uns *heute* sagt. Spricht sie in ihren wesentlichen Aussagen nicht wirklich für *jede* Zeit, so, als gäbe es keinen geschichtlichen Abstand und keine Wegentwicklung von ihr? Wir vertrauen in Glauben, Beten und Leben darauf, daß wir immer noch das gleiche

Wasser von Jesus geschenkt bekommen! Sind wir dann nicht mit der Bibel »gleichzeitig«? Von der »Gleichzeitigkeit« mit Christus im Glauben spricht der dänische Theologe Sören Kierkegaard, auf dessen große Bedeutung für Drewermann wir im folgenden Kapitel zu sprechen kommen, so:
»Ein historisches Christentum ist Gallimathias und unchristliche Verwirrtheit; denn was es an wahren Christen gibt in jeder Generation, die sind gleichzeitig mit Christus, haben nichts zu schaffen mit den Christen der Generation vorher, und alles mit dem gleichzeitigen Christus.«[9] Oder: »Im Verhältnis zu dem Unbedingten gibt es nur eine einzige Zeit: die Gegenwart. Wer mit dem Unbedingten nicht gleichzeitig ist, für den ist es gar nicht da. Weil nun Christus das Unbedingte ist, sieht man leicht ein, daß es im Verhältnis zu ihm nur eine einzige Lage gibt – die Gleichzeitigkeit.«[10]

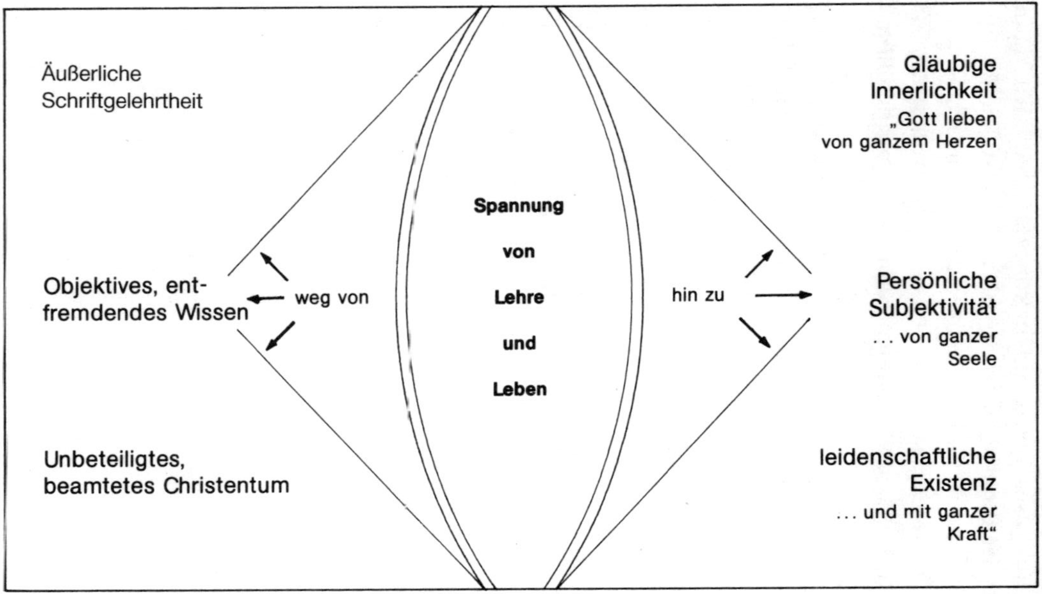


*»Glaube hat seinen Ort im Existentiellen und hat in alle Ewigkeit nichts mit dem Wissen zu schaffen« (Kierkegaard).*

# III Glauben aus leidenschaftlich bewegter Existenz Sören Kierkegaard und das »Markus-Evangelium«

## *Einführung*

In allen Hauptwerken Drewermanns taucht sein Name bereits in den ersten Seiten auf: Sören Kierkegaard, dänischer Theologe und Philosoph (1813–1855), Begründer des Existentialismus. Wenn man Drewermanns persönlichen Weg, seinen prophetischen Anspruch, seine Kirchen- und Religionskritik verstehen und würdigen will, ist es sehr nützlich, sich mit Kierkegaard selbst vertraut zu machen. Drewermann hat diesen evangelischen Einzelgänger aus dem Norden schon mit 18 gelesen und war so tief beeindruckt vom Glaubensernst und der religiösen Kompromißlosigkeit des Dänen, daß er damals seinetwegen beinahe protestantisch geworden wäre.[1] Er spürte, daß Kierkegaard etwas verkörperte, was im katholischen Bereich so nicht möglich schien: Es ist der unbedingte Wille zur Ehrlichkeit: »Ich glaube, man kann diesen Mann nur lesen, indem man sich an jeder Stelle persönlich in Frage gestellt und herausgefordert sieht. Es gibt bei ihm keine Phraseologie, keine faulen Redensarten. Er nötigt … den Leser, in ein verbindliches Gespräch einzutreten und selber die Verantwortung dafür zu übernehmen, was dabei herauskommt« (Gespräche, 101).

Sören Kierkegaard, den Drewermann oft den »letzten

Propheten Europas« nennt oder wegen seiner ihn selbst vereinsamenden Radikalität einen »Sturmvogel über der Brandung der Zeit« (Früchte, 54), tritt einer nicht existentiell gefühlten, nur noch einstudierten oder verwalteten Frömmigkeit und einer nur äußerlichen, nicht von der Botschaft des Evangeliums persönlich ergriffenen Schriftgelehrtheit scharf entgegen. Seine leidenschaftliche Religiosität mahnt eine unmittelbare, selbst erfahrene Verbindung zwischen dem Glaubenden und Gott an. Wenn Jung für Drewermann Licht in die Tiefenschichten der unbewußten Seele gebracht hat, dann hat Kierkegaard bei ihm eine existentielle Hochspannung im gläubigen Bewußtsein erzeugt, die nun dauernd Funken schlägt: feurige Blitze gegen Lehramt, Hierarchie, Institution, Priester, Bischöfe und Professoren, gegen die ganze existenz-unbeteiligte funktionärsartige Form der Frömmigkeit. Während Kierkegaards Gegenüber die evangelische Staatskirche des aufgeklärt-bürgerlichen Dänemark vor 150 Jahren war, ist Drewermanns Gegner die katholische Amtskirche, aber auch jede andere Institution, die den Glauben beamtenartig verwaltet. Allem erfahrungslosen Dogmatismus und entfremdeten Umgang mit »allgemeinen« statt persönlichen Wahrheiten werden auf Schritt und Tritt die prophetischen Gerichtsworte Kierkegaards entgegengeschleudert. Immer, wenn man den großen Dänen von damals zitiert sieht, hat man das Gefühl, daß Drewermann sich ganz mit ihm identifiziert, seine Stimme zur eigenen macht. Kierkegaard ist wie ein älterer Bruder derselben Wesensart und Glaubensbotschaft.

Die prophetische Kirchenkritik Kierkegaards hängt eng zusammen mit der Beschreibung seines Glaubensverständnisses: Es geht ihm um die Glaubens-Suche einer einsamen, ernsten Christenexistenz und um ein Gottes-Verhältnis mit hohem Maß an persönlicher Ergriffenheit und Innerlichkeit. Objektive äußere Autoritäten und Institutionen, die die Wahrheit des Glaubens garantierten, kommen kaum in den Blick. Der Christ braucht auch nicht die Vermittlung der Amtsträger oder die Hilfe einer auswendig gelernten Glaubenslehre. Die angemessene Form, die Wahrheit zu fassen, ist subjektiv, und die einzige Annäherung an Gott ist das Gleichzeitigwerden mit ihm im Augenblick des gläubigen Erfassens. Zu jeder Zeit ist der Mensch unmittelbar zu Gott. Nur die persönlich-existentielle Glaubensbeziehung in der Nachfolge Christi wird der ursprünglichen Idee des Christentums gerecht. Das alte Gebot ans Volk Israel: »Du sollst den Herrn, deinen Gott, liebhaben von ganzem Herzen, von ganzer Seele und mit all deiner Kraft« könnte bei Sören Kierkegaard so lauten: Du sollst den Herrn, deinen Gott, liebhaben und seinem Sohn nachfolgen mit ganzer Innerlichkeit, mit persönlicher Subjektivität und mit der Hingabe deiner ganzen Existenz!

Kierkegaard hat mit diesem Glaubensverständnis auf die Existenzphilosophie und -theologie des 20. Jahrhunderts eingewirkt. Weiterhin hat er mit einer tiefen psychologischen Existenz-Analyse der Psychologie des 20. Jahrhunderts vorgearbeitet und mit seinen Überlegungen zum Thema Angst, Sünde und Glaube den 140 Jahre später schreibenden Drewermann aufs stärkste beeinflußt. Davon wird im übernächsten Kapitel die Rede sein. An dieser Stelle lernen wir nur den Kirchenkritiker Kierkegaard kennen, indem wir auch darauf achten, in welcher Weise Drewermann sich der leidenschaftlichen Radikalität des Dänen bedient.

## *Existentielle Betroffenheit – kein christliches Brot-Beamtentum!*

So faßt Knud Hansen die Kritik seines Landsmanns zusammen: »Bekanntlich hat er (Kierkegaard) die Kirche um dreier Dinge willen angegriffen. Zum ersten hatte es die Kirche zu ihrem Broterwerb gemacht, die Lehre zu verkündigen, daß die Wahrheit heimatlos in der Welt ist; und nicht nur das allein, sondern auch zu einem Broterwerb, der mit allen möglichen Ehrungen und Bequemlichkeiten verbunden war; man hatte das Christentum zu einem Erwerbszweig gemacht. ... Dies, daß die Wahrheit in dieser Welt verfolgt wird, daß der Gute hingerichtet wird – das zu etwas zu machen, wovon man gut lebt, Ansehen unter den Leuten erwirbt, das ist nicht nur kompromittierend, es ist ein Verbrechen, Kannibalismus: Man frißt die Gedanken der Verstorbenen, ihre Meinungen, Äußerungen, Stimmungen – aber ihr Leben, nein danke, davon hat man ja nichts!«[2]

Viele plastische Beispiele hat Kierkegaard sich ausgedacht, um seine Kritik an den bequemen, wohlsituierten Kostgängern des Glaubens an Jesus auszumalen, welcher selbst ein brot- und heimatloser Wanderer war. Vor allem, wenn diese Nachfolger Christi in ein unkündbares Beamtenverhältnis rückten, wurden sie zur Zielscheibe der bissigsten Angriffe Kierkegaards: »Denn glaube mir, es gibt nichts, was Gott so widerwärtig ist, keine Ketzerei, keine Sünde, nichts ist ihm so widerwärtig wie das Amtliche. Und das kannst du leicht verstehen; denn da Gott ein persönliches Wesen ist, kannst du wohl begreifen, wie widerwärtig es ihm ist, daß man ihm den Mund mit Musterblättern wischen will, ihm aufwarten will mit amtlichen Feierlichkeiten, amtlichen Redensarten.«[3]

Drewermann nimmt unter den Beamten häufig die gutbezahlte Klasse der Universitätslehrer aufs Korn (bis 1991 war er allerdings selbst einer), wenn sie, wie er meint, mehr auf Amt und Würden aus sind als auf die engagierte Existenz des Glaubens. Da wird auf den Lehrstühlen »ohne schamrot zu werden, für ein reiches Gehalt, in Samt gekleidet, mit akademischen Titeln und Würden umkränzt«, darüber gehandelt, »daß Jesus arm war...« (TuEx II,23). Mit Kierkegaard fragt sich Drewermann: Warum brauchen und benützen die Menschen all diese Sicherheiten, von denen Jesus keine hatte? Wie können Menschen im Vertrauen auf Gott lernen, weniger Sicherheit zu benötigen, wie können sie durch den Glauben an Jesus zur Armut befreit werden? (S. zu diesem Thema TuEx II,699; Kleriker, 674ff.) Auf den Lehrstühlen sieht er hauptsächlich Menschen, die christliche und biblische Themen in einer Weise bearbeiten, die persönlich zu nichts verpflichtet. Glaubwürdig setzen sich viele Christen für andere ein, die in Not sind: »Ganz anders steht es indessen mit der Lebensführung derer, die beispielsweise als Exegeten oder Dogmatikdozenten die Forderung der Armut auf ihre Fahnen geschrieben haben, während sie selber in Ruhm und Reichtum weiterleben« (Kleriker, 677). Das unpersönliche, beamtete »Bekennen« im religiösen Bereich ist ein heuchlerischer Selbstwiderspruch; zu Recht, sagt Drewermann, bezeichnet ihn Kierkegaard als den eigentlichen »Kriminalfall« der Christenheit (TuEx I,198). Hört man diese harten Urteile, muß man bedenken: Wie bei Kierkegaard dienen auch Drewermann bestimmte Gruppen als Negativ-Vorbild, nicht um einzelne Personen zu verunglimpfen, sondern um auf dem Hintergrund des Negativen das Positive zu beschreiben – in diesem Zusammenhang den Charakter der wahren Christus-Nachfolge, welche persönliche Opfer fordert.

## *Subjektive Ergriffenheit – kein objektives Dozieren!*

Knud Hansen: »Und zum andern hat man die Predigt zu einem Vortrag über eine objektive Lehre herabgewürdigt und den Glauben zu der Annahme einer solchen Lehre. Wenn man nur rein objektiv die richtigen Ansichten hatte, so war man nach dieser Auffassung ein wahrer Christ, und wenn man nur rein objektiv solche Ansichten richtig vortrug, war man ein rechter Verkündiger, und nicht nur das, ...ein Wahrheitszeuge. Daß es auch noch etwas gab, das ›entweder – oder‹ heißt, die persönliche Verantwortung des einzelnen und seine Verpflichtung, das war ... in der offiziellen Kirche abgeschafft.«[4] Hier kommen wir an ein Herzstück der gemeinsamen Sache von Kierkegaard und Drewermann: *Das Christentum ist keine Lehre!* Es ist vielmehr Bekenntnis, Existenzbewegung, Energie der Liebe, wahre Innerlichkeit usw. »Man macht«, schreibt Kierkegaard, »das Christentum zu einer objektiven Lehre; das Objektive ist die Hauptsache; dadurch entzieht man sich jeder existentiellen Anstrengung (der Richtung: subjektiv zu werden) und jeder Nachprüfung. Oder man ... verschafft sich dadurch wieder Sicherheit, daß die eigene Persönlichkeit aus dem Spiel gebracht wird. Man ist inwendig eine völlig unbekannte Größe, hat bloß sorgfältig darauf geachtet, daß man seine Examina ablegte ... dann ... schließt man sich dem Bestehenden an.«[5]

Mit verbitterter Ironie erzählt Kierkegaard zu diesem Thema die Geschichte vom Kandidaten der Theologie Ludwig Fromm, der vom Wort Jesu ergriffen ist: »Suchet zuerst das Reich Gottes...« und nun zuerst Hebräisch, Aramäisch, Griechisch und Koptisch lernen muß, der die Begriffsgeschichte des Redens vom Reich Gottes zu studieren hat, Prüfungen ablegt, dann eine Gemeinde sucht, die ihm ein gutes Gehalt zahlt, eine Frau nimmt, einen Hausstand gründet und dann endlich predigt: »Suchet *zuerst* das Reich Gottes!« (zit. bei Drewermann in Früchte, 26ff.).

Aufgegriffen wird auch immer wieder das Gleichnis Kierkegaards vom Etikettenschwindel: Da sucht jemand eine Wäscherei, die sich trotz Schild als eine Werkstatt entpuppt, wo gar keine Wäsche gewaschen wird, wo man vielmehr bloß Schilder herstellt mit der Aufschrift »Wäscherei«. In einem deutschen Sprichwort: Die Lehrer des Evangeliums waschen sich den Pelz, aber naß werden wollen sie nicht!

Drewermann: »Wer das Christentum als eine *Lehre* definiert, der etabliert, ob er will oder nicht, ganz von selbst den Stand der Lehrer, der rechtfertigt notwendig den *Lehrbetrieb* in Sachen Religion und kehrt Jesu Wort auf den Kopf...« (Früchte, 31). Drewermanns Werke lösen Erschütterung aus, denn, so findet er, »es ist spürbar, daß hier der gesamten Theologie als einer objektiven Lehre, die sich mit einigem Fleiß und einem bißchen Verstand erlernen ließe wie beispielsweise die Zoologie oder die Mineralogie, der Kampf angesagt werden soll... Es war einzig Sören Kierkegaard, der es in *christlichem Sinne* einen Betrug, eine Falschmünzerei, einen treulosen Verrat... nannte, das Christentum mit Hilfe theologischer Geschwätzigkeit *in eine Lehre* verwandelt und damit um seinen Ernst gebracht zu haben« (Früchte, 26). »Ich verlange nichts mehr und nichts weniger als ein Ende des objektiven Dozierens in Sachen Christentum, ein Ende des existentiell unbeteiligten, erfahrungslosen Redens über die ›Geheimnisse Gottes‹« (Früchte, 32).

Wie Kierkegaard, so braucht auch Drewermann den Kontrast, um sich zu verdeutlichen. Die dunkle Wand, von der sich das eigene Glaubensverständnis klar abhebt, ist zum einen die katholische Kirche mit ihrem Lehr-Amt, zum andern die Bibelwissenschaft der sogenannten historisch-kritischen Exegese. Gegen die katholische Art, die Wahrheit als verpflichtende Lehre in Sätzen zu verkünden (z. B. Degenhardt, Bischof von Paderborn, im »Spiegel«-Gespräch[6]: »Nach katholischer Lehre hat es eine immerwährende Jungfräulichkeit Marias gegeben«) hat Drewermann eine heftige theologische und psychologische Allergie entwickelt; er kann es nicht mehr aushalten, von der Lehr-Autorität der Bischöfe mit Formeln abgespeist zu werden, hinter denen kein Gefühl und keine Erfahrung mehr steht und die man nicht hinterfragen darf.

Und gegen die an den Universitäten vorherrschende historisch analysierende Form der Bibelauslegung wendet er ein, daß sie bloß ausgeglühte Kohlereste untersuche, aber kein eigenes Feuer mehr an die Bibel heranbringe oder aus ihr beziehe, daß sie zu einem uninteressanten historischen Gerede verkomme, bei welchem das Wort »Ich« keinen Platz hat, daß sie nur der Objektivität verpflichtet sei und aus der lebendigen Religion eine Religions*kunde* mache, und daß sie mit ihrer lediglich rationalen Vorgehensweise die ewigen Bilder der Seele aus dem Blick verliere oder zerstöre. – Natürlich, so kann man Drewermann entgegenhalten, ist es unabdingbar für jede Religion, daß man sie auch gedanklich durchdringt und in einer Art Lehrsystem innerlich schlüssig zu machen sucht. Schließlich liebte auch Drewermann selbst seine Lehrtätigkeit an der Universität und hätte seine Lehrbefugnis vom Bischof gern zurück! Und natürlich stimmt es nicht, daß alle neutestamentlichen Wissenschaftler nur am Historischen arbeiteten und als Christen völlig desinteressiert wären. Das Gegenteil dürfte zutreffen! Es kommt hier wieder darauf an, Drewermann zuzugestehen, im überscharfen Kontrast sein Anliegen herauszuhämmern: Das Christentum ist in erster Linie persönlich verbindliches Bekenntnis!

## *Gleichzeitigkeit mit Christus anstatt behäbiger Bürgerlichkeit!*

Knud Hansen: »Und zum dritten klagte Kierkegaard die Kirche an, weil sie vergessen hatte, daß das Christentum darin besteht, mit Christus gleichzeitig zu sein. Das Christentum ist nicht eine Lehre mit soundso vielen Meinungen, sondern eine Forderung, und die Forderung heißt: Du sollst Christus folgen. Wie aber folgt die Kirche Christus? Sie folgt ihm überhaupt nicht. Denn während Christus von Zöllnern und Sündern umgeben war, mit ihnen aß und in Gemeinschaft mit dem gemeinen Mann auf der Gasse und den Straßen lebte, hat sich die Kirche mit einer unnahbaren Vornehmheit umgeben und hält sich nur zu den Gebildeten, Moralischen und denen, die die richtigen Ansichten haben. Aber ist das nicht die lächerlichste Form des Christentums, die sich denken läßt, ist das nicht noch lächerlicher, als wenn Rübezahl sich als eine junge Tänzerin von achtzehn Jahren ausgeben würde?«[7]

Es geht Kierkegaard mit der Gleichzeitigkeit, die er den Gedanken seines Lebens nannte, um eine theologische Aussage und um eine Forderung des Glaubens in einem. Die theologische Aussage ist, daß Christus niemals ein Gegenstand der Vergangenheit sein kann, sondern immer für die jeweilige Gegenwart lebt: Christi »Leben auf Erden geht mit dem menschlichen Geschlecht, geht mit jedem der menschlichen Geschlechter im Besonderen, als die ewige Geschichte, sein Leben auf Erden hat eine ewige Gleichzeitigkeit«[8]. Die Forderung des Glaubens lautet, daß wir nicht in irgendeinem Bildungswissen stehenbleiben, sondern in unmittelbarer Ergriffenheit Gleichzeitige mit Christus werden: »Was es an wahren Christen gibt auf Erden, die sind gleichzeitig mit Christus, haben nichts zu schaffen mit den Christen der Generation vorher, und alles mit dem gleichzeitigen Christus.«[9]

Für Drewermann ist die Idee der Gleichzeitigkeit vor allem wichtig, wenn es darum geht, den richtigen Bezug zur Bibel herzustellen. Kierkegaards Entdeckung hilft ihm, seine Forderung nach einem gefühlsmäßigen, existentiellen Verstehenszugang zu unterstützen. Die Bibel rückt in die Vergangenheit und Belanglosigkeit, wenn man sie nur historisch-wissenschaftlich liest. Doch bei der Sache der Bibel geht es ja um das Unbedingte, das ewig Gültige, um Gott, und darum gilt Kierkegaards Position: »Weil... Christus das Unbedingte ist, sieht man leicht ein, daß es im Verhältnis zu ihm nur eine einzige Lage gibt – die Gleichzeitigkeit. Die 300, die 700, die 1500 und die 1800 Jahre sind etwas, das weder davon noch dazu tut: sie verändern ihn nicht, machen es vielmehr offenbar, wer er war; denn wer er war, ist nur für den Glauben offenbar.«[10]

Ein Unterschied zwischen Drewermann und Kierkegaard besteht darin, daß der Däne diese »Gleichzeitigkeit« nur auf das Christentum bezieht, auf das Verhältnis der Glaubenden zu Christus, während sie für Drewermann zu einer Kategorie des Verstehens im allgemeinen wird, sofern sich dieses auf innere, geistige, religiöse Inhalte der Vergangenheit bezieht. Drewermanns religiöse Weite sieht ja das Christentum eher als einen besonders wertvollen Partikel in der Geschichte Gottes mit den Menschen, jedoch nicht als die absolut einzige Heilslehre.

Aber gerade im Umgang mit der Bibel gilt es nun, nicht bei einer äußerlichen Annäherung stehenzubleiben, sondern in den inneren Erfahrungsraum der dort beschriebenen seelischen Zustände einzutreten und mit ihnen gleichzeitig zu werden. Es ist aufgrund der psychischen Lebensverwandtschaft der Menschen möglich, in eine gefühlsmäßige Einheit mit den Lebensaußerungen der biblischen Menschen zu kommen, aber es ist auch absolut notwendig, sich mit den Verstehensmitteln der eigenen Seele den Texten zu nähern, um sie überhaupt zu verstehen. Was Kierkegaard als Forderung an alle »wahren Christen« richtet, die unmittelbare existentielle Beziehung zu Christus zu suchen, das fordert Drewermann

von allen »wahren Menschen«, die in der Bibel ein Stück der Wahrheit ihres Lebens entdecken wollen.
Immer schon sind wir im christlichen Gebrauch der Bibel gewöhnt, die Texte so zu lesen und auszulegen, als wären sie in diesem Moment an uns gerichtet. Ein Gleichnis wie das vom Verlorenen Sohn etwa nehmen wir als ewig-gegenwärtig, indem wir uns selbst darin finden im Weggehen vom Vater und Heimkehren zu Gott. Es käme uns nie in den Sinn, anders als so mit dem Gleichnis umzugehen, daß wir spontan darin ein Urbild für eine existentielle Situation unseres Lebens sehen. Drewermann meint nun aber: Genauso könnten wir auch mit den Texten der Evangelien verfahren, in denen erzählt wird, was Jesus wirkte und erlebte. Wenn man nur die äußerlichen Umstände der damaligen Zeit einmal vergißt und das erzählte Ereignis direkt ins eigene Leben sprechen läßt! Zum Beispiel die Geschichte vom Einzug Jesu in Jerusalem: »Was sich im Schicksal Jesu (im Konflikt mit der Synagoge) als Schicksal Gottes darstellt, ist immer unser aller Los, und nichts von dem, was sich in diesem Augenblick begibt, ist jemals nur gewesen, nur ›Geschichte‹, nur Vergangenheit; vielmehr geht es hier um die bleibende, sich stets von neuem stellende Frage, wie wir den ›Einzug‹ Gottes in unser Leben verstehen« (Markus II,181).
Für Drewermann fließen in der Forderung nach Gleichzeitigkeit zentral wichtige Gedanken zusammen: Zum einen die Abwendung von einem bloß historischen Umgang mit der Heiligen Schrift, der ins äußerliche Dozieren mündet (Kierkegaard: »Mir war es vergönnt, diesen Gedanken der Gleichzeitigkeit wieder in Erinnerung zu bringen, der, wie Rattenpulver für die Ratten,

Gift ist für die Dozenten«[11]). Zum andern die Anwendung der Erkenntnisse von C. G. Jung, daß wir durch die religiösen Urbilder des Unbewußten einen unmittelbaren Zugang zu den religiösen Botschaften haben, wie sie uns zum Beispiel die Bibel überliefert. Zum dritten geht es ihm um eine innere, existentielle Verbindung zwischen dem Leben dieser Urbilder und der Entwicklung des einzelnen Menschen, und zwar in der Weise, daß die Christus-Ereignisse als »Bilder von Erlösung« des einzelnen verstanden werden: Wenn man die Gestalt Jesu als das Geheimnis des unbedingten Menschseins versteht, kann man die Bilder, die den Christus beschreiben, auch als Chiffren für das Eins- und Ganzwerden des menschlichen Daseins deuten und tiefenpsychologisch und theologisch so mit ihnen umgehen.

In der Sprache Kierkegaards: »Herr Jesu Christ, möchten wir doch auch so gleichzeitig werden mit dir... Möchten wir dich sehen als das, was du bist, und warst und sein wirst, bis du wiederkommst in Herrlichkeit.«[12]

## *Kierkegaards Anliegen am Beispiel der »Schriftgelehrten« in Drewermanns »Markus-Evangelium«*

Immer wieder taucht der Name Kierkegaards in Drewermanns »Das Markus-Evangelium – Bilder von Erlösung« (2 Bände, 1987/1988) auf. Geht man die Abschnitte entlang, dann sieht man, wie der Gedankenreichtum des Dänen Drewermanns Auslegung von Anfang an begleitet.

Beispiele:

Mk 1,1–8: Die Botschaft Johannes des Täufers: »Auf die Notwendigkeit, religiöse Texte vom *Anfang* her zu lesen, also mit dem Wagnis der Ungewißheit *gleichzeitig* zu werden, hat Kierkegaard hingewiesen« (Bd. I,127, Anm. 1).

Mk 1,14–20: Die ersten Jünger. Drewermann: Man wird nur Christ, wenn man den Mut hat, die Tradition zu verlassen, den Fischerberuf aufzugeben, wie Kierkegaard zeigt, wenn er fordert, bei der Wahrheitssuche den objektiven Weg der Sicherheit aufzugeben zugunsten der Subjektivität in ihrer Ungesichertheit (s. Bd. I,168 mit Anm. 8).

Mk 1,21–28: Die Heilung des Besessenen in Kapharnaum. Um zu erklären, warum Jesus den Besessenen beiseite nimmt, um ihn, abseits vom Anpassungsdruck der Gemeinschaft, persönlich zu verstehen und zu heilen, zitiert Drewermann Kierkegaard: »Soll im Dasein Ordnung gehalten werden ..., dann muß allererst aufgepaßt werden, daß jeder Mensch ein einzelner Mensch ist« (Bd. I,176, Anm. 6).

So könnte man fortfahren. An keiner Stelle aber wird Kierkegaard für die Auslegung wichtiger als bei den Evangelien-Abschnitten, in welchen es um den Konflikt zwischen Jesus und den Schriftgelehrten geht. Sie sind für Drewermann die Verkörperung des persönlich nicht betroffenen Redens vom Glauben *schlechthin.* Seitenweise werden hier Kierkegaard-Stellen zitiert, die eben jene Kritik am Amtlichen zum Ausdruck bringen, die wir oben beschrieben haben, welches doziert anstatt zu existieren. Die Schriftgelehrten sprechen nach Drewermann ständig von Gott, »nur um selbst nicht leben zu müssen und auch Gott in einen leblosen Gegenstand verwandeln zu können« (Bd. I,182), die ihre eigene Persönlichkeit preisgeben und »unbelastet von der eigenen Existenz« sich nur noch »der aufmerksamen Beobachtung des objektiven Textsinns hingeben« (187). »Ein Leben für die Erklärung des Gotteswortes – kann es Erhabeneres geben? Und dennoch nennt Jesus all dies geheuchelt, und dennoch warnt er davor und verflucht es!« (188f.) Denn »je erfolgreicher die Schriftgelehrsamkeit ins Kraut schießt, desto mehr wird das Sprechen von Gott entwertet, desto mehr geht das Leben mit Gott in lauter Formeln von Gott über« (190).

Der Jesus der Evangelien warnt bekanntlich selbst sehr oft vor den Schriftgelehrten: Sie sind Heuchler, die scheinen wollen, ohne zu sein. Sie gleichen getünchten Gräbern, außen schön bemalt, innen voller Tod. Sie legen den Leuten schwere Lasten auf, die sie selbst mit keinem Finger bewegen wollen. Sie laufen in langen Gewändern herum und sind auf Macht und Einfluß bedacht. Sie halten das Volk in Schach, das sich nur noch unter ihrer Anleitung Gott zu nähern wagt. Mk 12,37–44 (in Drewermanns Übersetzung): »Seht euch vor den Schriftgelehrten vor, die in Talaren einherzuwandeln lieben, Begrüßungen auf den Marktplätzen, erste Sitze in den Synagogen, erste Liegen bei den Gastmählern, sie, die die Häuser der Witwen verschlingen, sogar unter heuchlerisch langen Gebeten – diese werden ein um so härteres Urteil empfangen« (Bd. II,316).

An diesen Menschen kann man im Kontrast erkennen, wer *Jesus selbst* ist. Denn in seiner Art macht er ihre »Unlebendigkeit und Wirklichkeitsfremdheit mit einem Schlag offenbar« (Bd. I,191). Der Grund: Er spricht mit

*persönlicher Vollmacht.* Bei ihm geben »die Stimme des eigenen Herzens, der Schmerz und die Armut, das Mitleid und die Freude unmittelbar von Gott Zeugnis« (191f.). »Religiös ergibt sich die Vollmacht eines Menschen aus seiner Nähe zu Gott, aus der Kraft seiner Person, aus der Lauterkeit seines Lebens« (Bd. II,226). »Es muß Jesus als ein Unding erschienen sein, wenn zu seiner Zeit die Schriftgelehrten das Wort Gottes dazu benutzten, um untereinander zu konkurrieren, gegeneinander zu argumentieren und durch wechselseitige Profilierung voneinander zu profitieren. Niemals hat Jesus, um Gott zu erkennen, die Bibel zitiert. Er hat vielmehr das menschliche Leben betrachtet wie ein aufgeschlagenes Buch« (Bd. II,319), »getragen von dem Vertrauen, daß Gott heller aus dem Mund einer Dirne, aus den Händen eines Bettlers oder aus den Augen eines Kindes hervorleuchten könne als aus den geschriebenen Gesetzen Israels und den geschriebenen Kommentaren der Gesetzeslehrer« (Früchte, 34). Jesus hat es sich verbeten, Rabbi genannt zu werden, »seinem ganzen Auftreten, seiner Statur nach war er ein ›Prophet‹« (ebd.).
In der Geschichte von der Heilung eines Besessenen (Mk 1,21–28) wechselt die dämonische Krankheit in der Deutung Drewermanns von dem Patienten zu den dabeistehenden Schriftgelehrten. Drewermann sagt: Im Markus-Evangelium sind eigentümlicherweise immer nur die »Dämonen« eines gültigen Bekenntnisses zu Christus fähig, diese Gelehrten aber zweifeln an Jesu Vollmacht! *Ihre* eigene Erkrankung ist dämonischer Art, wenn Dämonie gleichzusetzen ist mit Ichverlust, Ausschaltung der eigenen Persönlichkeit zugunsten fremder Geister, entfremdender Gedanken. Es sind Menschen, »die sich

von einer ganzen Heerschar fremder ... ›Geister‹ in Gestalt verfestigter Gedanken und Vorstellungsschablonen *besessen* finden« (Bd. I,196). Man kann aus dieser gewagten und erregten Deutung Drewermanns erkennen, wie wichtig ihm Kierkegaard für die eigene christliche Existenz und für das Verständnis des Wesens Jesu geworden ist. »Eben weil er vor Gott *lebte,* stand er vom ersten Tage an in tödlichem Kontrast zum Tod der Schriftgelehrsamkeit. So muß man das wohl sehen: daß er buchstäblich ›für uns starb‹, weil die gesamte Gruppe von Hohenpriestern und Schriftgelehrten ihn aburteilen *mußte,* ganz einfach dafür, daß er unser Leben wollte« (Bd. I,201). Und wie wichtig für Drewermann dieses eigene Leben vor Gott ist, wird noch einmal deutlicher im folgenden Kapitel.

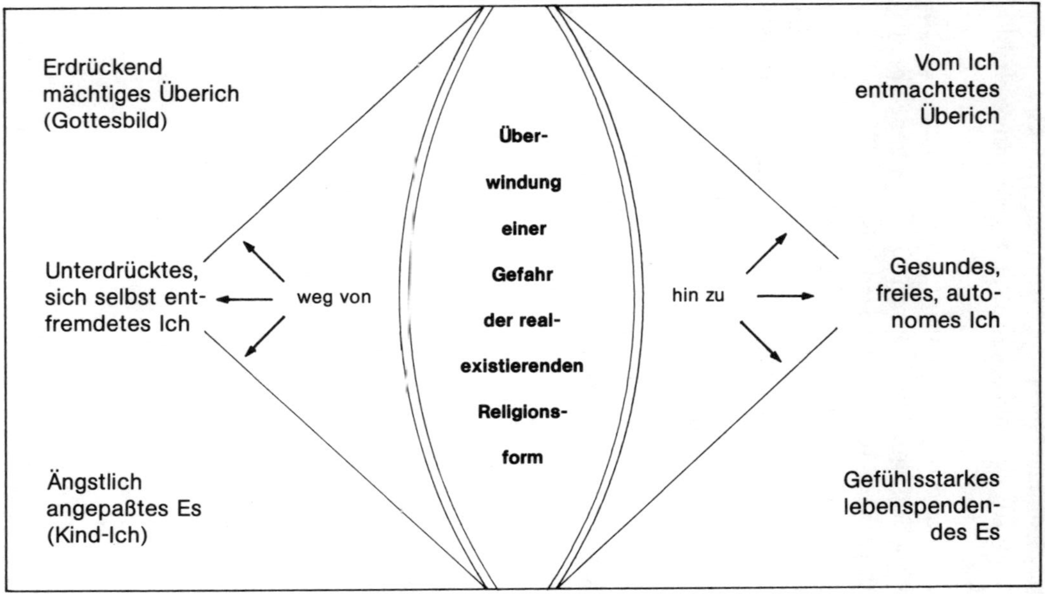


*»Nicht das Über-Ich mit seinen fertigen Inhalten, sondern das Ich in seiner unmittelbaren Freiheit und Verantwortung ist der Ort, an dem Gott sich mitteilt« (Matthäus I,61).*

# IV Glauben mit einem gesunden Ich Sigmund Freud und die »Kleriker«

## *Zur Einführung*

In diesem 1989 erschienenen Werk versucht Drewermann mit Hilfe der psychoanalytischen Grundkonzepte Sigmund Freuds, den Idealen der katholischen Priester und Ordensleute: *Erwählung, Armut, Gehorsam und Keuschheit* auf den Grund zu gehen. Er untersucht die Entstehung dieser Ideale in der Psyche der Betroffenen und ihre In-Gebrauch-Nahme durch die katholische Amtskirche, vor allem aber das ihrer Ergreifung zugrundeliegende und dann von ihnen wieder verursachte menschliche Leid. Ohne Rücksicht auf Tabus und in der gewohnten Schärfe hält Drewermann, in dessen Stube schon viele seelisch leidende Kleriker zur Behandlung saßen, der katholischen Kirche den Spiegel der psychoanalytischen Erkenntnisse vor. Ideale sind etwas Anziehendes, aber wo viel Licht ist, ist auch viel Schatten, in diesem Fall Heuchelei, Unterdrückung, sexuelle Verirrung, psychische Erkrankung, Familienzerstörung, Machtmißbrauch. 70 Jahre nach Erscheinen von Freuds grundlegenden Werken sollte die katholische Kirche endlich dazu bereit sein, sich die Schattenseite ihrer Ideale bewußtzumachen, meint Drewermann. Sein Werk trifft die Kirche in einer Zeit der inneren Krise, welche vor allem eine Krise jener Ideale ist. Drewermanns Buch ver-

steht sich als psychologische Unterstützung der Forderung nach Reform und Erneuerung seiner Kirche.
Es geht in Drewermanns Analyse allerdings nicht nur um die römische Form des Christentums. Katholische Mönche, Nonnen und Priester dienen – ähnlich wie im Werk über das Markusevangelium die »Schriftgelehrten« – in zweiter Hinsicht als Demonstrationsobjekt, um noch etwas Grundsätzlicheres, Allgemeineres auszusagen: Die »Kleriker« sind, wie die anderen Bücher Drewermanns, auch ein Plädoyer für eine Form des Glaubens, die aus der Kraft des gesunden Ichs, des selbständigen Gemüts und der freien Persönlichkeit entspringt. Mittels der durch die Erkenntnisse Sigmund Freuds geprägten Kritik an den beamteten katholischen Idealen kann der Autor wieder ein Hauptanliegen zu Papier bringen: Der Glaube soll sich ineins mit dem Ich-Sein (Freud) und Selbst-Sein (Jung) des Menschen entwickeln und von der Existenz mit innerer Betroffenheit ergriffen werden (Kierkegaard).
Für die katholische Amtskirche steckt in den »Klerikern« ungeheuer viel Dynamit. Ohne daß die Bischöfe sich ausdrücklich darauf bezogen, wurde das Werk für sie zum Anlaß, das Verfahren zum Entzug der Lehrerlaubnis gegen Drewermann einzuleiten (Entzug der Lehrbefugnis im Oktober 1991). Die Gründe dafür suchten die Bischöfe wohlweislich woanders, nicht hier in den »Klerikern«, wo es heißt: »Es ist heute offenbar wesentlich *die Psychoanalyse,* die das klerikale System der katholischen Kirche innerlich auszehrt und zum Einsturz bringt.« Denn in der psychoanalytischen Therapie von Klerikern bestätige sich, daß ihre Ideale und Glaubensinhalte meist von außen aufgepfropft, nicht von

innen gewachsen seien, was Drewermann zu der Folgerung bringt, daß die katholische »Religion des Christentums als eine Form der Entfremdung des Bewußtseins und als ein Krankheitszustand« betrachtet werden müsse, »der Gesellschaft ebenso wie des einzelnen« (664). In seinem Buch verwendet Drewermann folgende Grundbegriffe der Psychoanalyse nach Freud:

— Das Stufenmodell der frühkindlichen Entwicklung: orale, anale und genitale Phase (Phase des Festhaltens, sich Behauptenlernens, der Entwicklung der geschlechtlichen Identität).

— Die Beschreibung des inneren Personaufbaus mit den drei Instanzen des Ichs: Überich, Ich, Es (Normen, Vorschriften und Gewissen; selbständig handelndes Ich; Anteil der Gefühle und Triebe).

— Das Konzept des Ödipuskonflikts (Beziehung zum gegengeschlechtlichen Elternteil in Konkurrenz zum gleichgeschlechtlichen als Phase der Entwicklung der eigenen Geschlechtsidentität).

— Teile der Religionskritik Freuds, vor allem dessen Ansicht, die katholische Form des Christentums sei einer »kollektiven Zwangsneurose« zu vergleichen (einem Zwang zur ewigen Wiederholung eines Rituals der Versöhnung mit dem Vatergott).

## *Die Diagnose*

### Die katholische Kirche und ihr Wahrheitsanspruch

Obwohl es uns heute kaum bewußt ist oder vorstellbar erscheint – die katholische Kirche versteht sich nach wie

vor als unanfechtbar heilige, von Gott gewollte und von Christus eingesetzte alleinseligmachende Institution. Ihre Lehren sind göttlich geoffenbarte und darum objektiv gültige Wahrheiten, ihre sittlichen Normen unwandelbar und allzeit gültig. Der Papst, der mit der Kurie ein monarchisch-zentralistisches System beherrscht, verfügt, wenn er ex cathedra spricht, über gottgleiche Unfehlbarkeit. Ohne die Heilsmittlerschaft dieser Kirche kann ein Mensch nicht selig werden, außerhalb der katholischen Glaubensüberlieferung ist der Mensch ein Verlorener.
Während sich in der Neuzeit seit 500 Jahren das Individuum entfaltet, zum selbständigen Subjekt seines Denkens und seiner Wahrheit wird und die persönliche Freiheit über alles setzt, beharrt die katholische Kirche – so Drewermann – auf der Gefangenschaft des Denkens und der Unmündigerklärung des einzelnen. Während die anderen Kirchen sich selbst allenfalls als *Hinweis* auf die göttliche Liebe und Gnade verstehen, fühlt sich die katholische Kirche als *Hort* der Gnadenmittel und als verlängerter Arm Christi im Amt der Heilsmittlerschaft. Weil sie das Heilige nicht nur symbolisieren, sondern *sein* will, wird ihr Sprechen ein »Wissen« und ihr Handeln zum Heil der Menschen »objektiv« und damit *äußerlich.* Äußerlich (wie Dinge der Erde) verabreicht sie ihre Gnadenmittel, äußerlich geht sie mit der Heilswahrheit um, und äußerlich, von sich selbst entfremdet, erfährt sich der Glaubende, der sich diesem Handeln der Kirche aussetzt. Drewermann meint: Weil ihr die Füllung mit innerem Erleben offenbar mehr und mehr abhanden kommt, kann sich solche äußerliche Verdinglichung jetzt aber nicht länger halten. Darum stellt er fest:

»Die katholische Kirche muß heute dem Zusammenbruch ihrer eigenen, selbsterschaffenen Veräußerlichung beiwohnen.« Ein Zeichen dafür ist das fast völlige Ausbleiben des Nachwuchses in den klassischen Klerikerberufen.

## Die Kleriker im Machtsystem der Kirche

Ihr Dasein und Denken haben sie mit den Zielsetzungen der Kirche zu identifizieren und den Weisungen, Normen, Richtlinien und Lehrsätzen der Kirche zu gehorchen. Durch den für Lebzeiten geltenden Eid werden sie Beamte in einer hierarchischen Befehlsstruktur und Ordnungselemente eines kollektiven Reglements. An die Dogmen und Moralgesetze der Kirche müssen sie glauben als an etwas göttlich Gesetztes. Für menschliche Freiheit, Ehrlichkeit, gedankliche Offenheit, persönliche Eindeutigkeit gibt es wenig Spielraum. Auf Abweichler reagiert die Hierarchie mit harten Machtentscheidungen. Zum Dienst in einem Amt der Kirche dürfen sich die Kleriker berufen, ja göttlich erwählt fühlen, doch die Amtsgnade ist ein sehr gemischtes Glück, denn sie fordert Unterwerfung unter die kirchlichen Vorgesetzten zum Preis der Entleerung der eigenen Existenz. Von Amts wegen haben diese Menschen zu handeln und zu denken – ihr inneres Sein, das Drewermann so wichtig nimmt wie nichts sonst, ist ihnen genommen. Der einzige Ausgleich ist die große Macht, die Kleriker ihrerseits wieder über die »Laien« gewinnen. Durch die drei Amtsideale ausgesondert und durch ihre höheren Weihen hervorgehoben, dürfen sie das ganze Heil der Kirche in Händen halten und können es den Menschen zukommen lassen oder auch vorenthalten. Die drei Ideale trennen Laien und Kleriker auf eine von der Kirche gewollte Weise; die Kleriker haben, entsprechend dem Grad ihrer Weihe, ungeheure Macht, während den Laien auf allen Ebenen nur ein Minimum an Mitspracherecht gewährt wird.

## Wie wird man ein Kleriker?

Warum wählt ein Mensch Armut, unterwürfigen Gehorsam und ein reines Leben vor Gott? Wie sind Menschen subjektiv geprägt und geformt worden, daß sie solche schwer zu erfüllenden Ideale in die Mitte ihres Lebens rücken? Wie kommt es, daß sich jemand sogar für »erwählt« hält, ein Klerikeramt zu übernehmen? Wodurch wird diese Entscheidung unbewußt vorbereitet? Wie kommt es, daß jemand das amtsmäßige, loyale Denken so pflichteifrig zu übernehmen bereit ist? Muß ein Kleriker dazu nicht lernen, seine eigenen Gefühle abzusperren und zu unterdrücken? Oder hat er vielleicht schon vorher verlernt, was es heißt, ein eigenes Gefühl, einen eigenen Willen zu erleben und auszudrücken? In Drewermanns Sprache: Welche Einflüsse bringen einen Menschen dazu, die katholische Form von Zwang und Außenlenkung zu verinnerlichen und für die eigentliche Wahrheit des eigenen Lebens zu erklären?

### Grundthese: Kleriker sind im Personkern, im Ich- und Es-Bereich verunsicherte Menschen mit um so stärkerer Verankerung im Überich

So sieht Drewermann in einer Art typischen Modells diejenigen Menschen, die unter katholischen Bedingungen

Kleriker werden. Sie sind in der frühen Kindheit tief verunsichert worden, konnten kein freies, selbständiges Ich entwickeln und gewannen ihre Individualität aus einer starken Identifikation mit fremden Normen und äußeren Haltsystemen, also mit Überich-Kräften. Sie kamen zu dieser Entwicklung, weil ihnen von Anfang an das Gefühl vermittelt wurde, nicht berechtigt, nicht notwendig, nicht liebenswert zu sein. Bei der Berufswahl schenkte ihnen der Glaube an die eigene Erwählung und das Erlebnis der kirchlichen Weihe und Beamtung so etwas wie göttliche Annahme, Bestätigung und Rechtfertigung. Im eigenen Ich ohne festen Boden, flüchten sie sich ängstlich oder freudig in den Ausschließlichkeitsanspruch einer Lehre und den objektiven Halt der Bindung an einen allmächtigen Gott. Als immer durch fremde Einflüsse bestimmte Menschen können sie nicht anders, als ihre seelische Entfremdung durch eine religiöse zu überhöhen. In der Hingabe an Christus und im Gehorsam gegenüber der Mutter Kirche erhalten sie einen Ersatz für das eigene, selbstbestimmte und von innen heraus entwickelte Leben.

## Wie wirken Menschen, die so sind, auf andere Menschen?

Die Struktur der Verhaftung ans Überich bei den erwählten Dienern der Kirche bewirkt eine Reproduktion dessen, was in diesen Personen vorging, bei ihrer Amtsausübung in den Gemeinden. Durch die Verkündigung und Einschärfung äußerlicher Lehren als objektiver Wahrheiten verunsichern sie die Menschen in den Kirchengemeinden und machen sie unselbständig. Sie verfallen einem fei-

erlich-formelhaften Schematismus des Denkens, einer standardisierten Unpersönlichkeit der Lehre und einem von der Erfahrung der leidenden und suchenden Menschen weit entfernten Moralgehabe.
Drewermann bezeichnet die Herrschaft des Überich-Denkens und -Predigens als geistlos, weil nicht durch eigenes Denken bestimmt; als glaubenslos, weil nicht mit dem eigenen Subjekt ergriffen; und als gefühllos, weil vom Kopf, nicht von der Seele her gefüllt. Und darüber hinaus als gefährlich: Denn die Selbstüberforderung der Priester führt zu überfordernden Appellen an die Verantwortung der Menschen füreinander. Die Selbstunterdrükkung der Priester gerät zur Unterdrückung der Gemeinden. Die ideologische Selbstfesselung des eigenen Ichs fungiert als Grundlage von neuer ideologischer Gewaltausübung in Predigt und Seelsorge. Gerade gegenüber der von der Amtskirche ausgehenden Gewalt (z. B. gegenüber Geschiedenen oder »gefallenen« Geistlichen) ist der Therapeut Drewermann besonders empfindlich. Psychoanalyse, die die potentielle Gewalt der Kirche am Beispiel leidender Klerikerpersonen aufdeckt und aufzeigt, wird durch solche Aufklärung natürlich zu einer Gefährdung des gesamten katholischen Systems, oder sie führt zu seiner Wandlung und Erneuerung.

## *Die Analyse*

### Das Familiensystem im Dreieck Vater – Mutter – Sohn

Auf vielen Altarbildern kann man Maria sehen, wie sie, auf Wolken schwebend, demütig den Blick zu Gott-

Vater erhebt. Ihr Gesicht drückt den Satz aus der Verkündigungsgeschichte aus, der für Maria wesentlich ist: »Siehe, ich bin des Herrn Magd, mir geschehe, wie du gesagt hast« (Lk 1,38). Das Schweben zwischen Erde und Himmel zeigt Marias Stellung als Miterlöserin und Fürbitterin für die Menschen. Auf anderen Bildern, noch weiter verbreitet, ist Maria mit dem toten Jesus in ihren Armen dargestellt, die traurige Schmerzensmutter, oft noch zusätzlich gemartert durch das blutige Schwert, welches ihr Herz durchbohrt.

Die himmlische Konfiguration zwischen Gott-Vater, Mutter Gottes und Gott-Sohn ist nach Drewermann ein religiöses Vorbild oder Abbild derjenigen katholischen Familiensituation, die besonders geeignet ist, Kleriker hervorzubringen. Vor allem in der Form der katholischen Anbetung der reinen Jungfrau Maria spiegelt sich ziemlich exakt wider, wie sich ein katholischer Geistlicher oder Ordensmann, ehelos und mit dem Himmel vermählt, zu seiner eigenen Mutter verhält.

In der ideal-typischen katholischen Familie ist dem harten und strengen Vater eine ergebene Frau beigesellt, die in der Ehebeziehung an der Entfaltung ihres eigenen Lebens gehindert ist. Sie bringt sich zum Opfer, zuerst für den Mann, dann auch für das Kind. Aber gerade der Sohn spürt darin auch ihr Leiden. Darum obliegt ihm dann die Pflicht, sich seinerseits zum Wohl der leidenden Mutter zu opfern. Er rettet durch die seelische Verbindung zur Mutter diese aus der Hand des Vaters. Gleichzeitig bringt er sein eigenes Leben dar zur Versöhnung des strafenden Vaters.

Ohne biblische Begründung, familienpsychologisch aber stimmig, bezieht die katholische Kirche die Mutter Gottes in das Erlösungsgeschehen mit ein. Denn die Mutter ist es, in der Religion wie im familiären Leben, die ihrem Sohn durch ihr Verhalten die Rolle erläutert, die er als Christus bzw. als priesterlicher Retter zu übernehmen hat. Mit seiner Lebenshingabe reproduziert der katholische Kleriker das Tun der Mutter, die ihrerseits mit dem Opfer ihres Lebens den Bestand der Familie zu retten versucht. Der Kleriker, der sich auf diese Weise liebevoll mit seiner Mutter verbündet, tritt damit aber nicht in Konkurrenz zu seinem Vater – im Gegenteil, er verzichtet auf alles, was andere Menschen zum Glück führt, um so den Vater zu versöhnen. Lebenslang stellt er sich für das Heilswerk der Mutterkirche zur Verfügung, die den Willen des Vaters im Himmel erfüllt, vor allem indem sie täglich das Opfer des Sohnes in der Messe am Altar wiederholt.

Wie sich die von Drewermann psychologisch und theologisch hart angegriffene Opferhaltung im einzelnen entwickelt und entfaltet, das zeigen besonders deutlich die familiären Hintergründe der drei Ideale Armut, Gehorsam und Ehelosigkeit, in deren Entstehung sich, tiefenpsychologisch betrachtet, frühkindliche Leiden im oralen, analen und genitalen Bereich verbergen.

## Verzicht auf Besitz – Leiden und Opfer im Bereich der Oralität

Weil sie selber nicht reifen und wirklich leben darf, deshalb ist der Mutter des Klerikers das kleine Kind eigentlich zuviel. Daß das so ist, muß von ihr aber sogleich verdrängt werden, und in unendlicher Liebe gibt sie sich dem Kinde hin. Dieses spürt die Unechtheit der Liebe seiner Mutter und wird dadurch verunsichert in bezug auf sein eigenes Recht zu leben. Weil offenbar die Mutter nur unter Opfern für es da ist, nicht mit Freude, fühlt es sich schuldig, auf der Welt zu sein. Aus dieser Erfahrung formt sich unbewußt der Wille im Kind, sich zur Wiedergutmachung selbst zum Opfer zu bringen. Eine Form, um dies zu tun, ist die Entleerung von allem Eigenen und der Entschluß zur Armut. Das Nichts-für-sich-haben-Wollen geht einher mit der Selbsthingabe an die Mitmenschen. Die verzichtende Liebe ist ein schönes Ideal, psychologisch kommt sie aber aus einem frühkindlichen Mangel, der die Persönlichkeitsentwicklung empfindlich beeinträchtigt. Das an Liebeszuwendung im oralen Bereich gestörte Kind neigt später zur sogenannten depressiven Neurose. Es ist das bekannte Leiden von Menschen, die nie nein sagen können, nichts für sich beanspruchen, im Selbstsein gehemmt sind und sich restlos dem Dienst an anderen ausliefern. Provozierend hinterfragt Drewermann dieses Ideal und auch die andern, zu denen die Kleriker sich bekennen: »Kann man Neurose zur Pflicht erklären?«

## Gehorsam und Demut – Leiden und Opfer im Bereich der Analität

Das Kleinkind lernt in der analen Phase seinen eigenständigen Willen kennen und anwenden. Es möchte sich von nun an in seinem Denken behaupten und in seinem Tun selbst bestimmen. Besitz will es beherrschen und sich im Streit mit anderen durchsetzen. In der Familie des späteren Klerikers kann es vielleicht so gewesen sein, daß das Kind hauptsächlich zum Gehorsam und zur Unterwer-

fung unter den väterlichen Willen erzogen wurde. Ich habe kein Recht auf einen eigenen Willen und eine persönliche Meinung, sagt sich das Kind dann bald. Die ängstlich-unterwürfige Mutter wird vom Kind dabei idealisierend nachgeahmt. Aber auch ihr ist es gehorsam, um sich Rückhalt und Geborgenheit zu verschaffen. Es lernt: Nur der Gehorsam rettet und macht gut.
Durch diese Vorprägung ist der künftige Kleriker in seinem Urteilsvermögen erschüttert, in seinem Selbstwertgefühl verunsichert und in seinem Denken und Fühlen irritiert. Wenn er sich nun zu einem geistlichen Beruf entschließt, wird er in den Armen der Kirche erneut in infantiler Abhängigkeit gehalten, denn der Ungehorsam gegen die Vorgesetzten gleicht fast einem Ungehorsam gegen Gott. Drewermann: Ob es Christus ist oder der Orden oder die Kurie: der Ort der Wahrheit liegt grundsätzlich außerhalb der eigenen Person. Das Ziel des Klerikers, der Jesu treuer Nachfolger ist, lautet ja: nicht seinen eigenen Willen zu tun, sondern den Willen dessen, der ihn berufen und gesandt hat – Gott in Gestalt der Kirche. Wer sich dergestalt selbst hingibt und verleugnet zugunsten der Gemeinschaft, der hat dadurch Anteil am Martyrium Christi. Gleichzeitig kann er aber erkranken an der Neurose der Zwanghaftigkeit, der dauernden Fremdbestimmtheit innerhalb des eigenen Lebenshauses. Die Kirche macht sich die Demut der Diener zunutze; sie kann dadurch ihr System stablinienförmig organisieren und aufrechterhalten. Die Pfarrer aber geben die Gehorsamsforderung an die Laien weiter: Im Beichtunterricht werden kleine Kinder stets zur Einhaltung des vierten Gebots angehalten. Früher wurden Menschen durch Inquisition zur Gefolgschaftstreue

gebracht, heute werden Abweichler – wie Drewermann – mit allerhand Kirchenstrafen in die rechte Spur gezwungen.

## Keuschheit und Ehelosigkeit – Leiden und Opfer im Bereich der Geschlechtlichkeit

Die bekannte lust- und leibfeindliche Einstellung der katholischen Kirche (Sexualität nur in der Ehe und nur zur Erzeugung der Kinder!) könnte sich in der Elternfamilie der künftigen Kleriker so niedergeschlagen haben, daß dort vor allem die Mutter mit Angst gegenüber der Sexualität behaftet war. Zwar will die Kirche die Familie, aber eigentlich – so lehrt sie – ist es ja heiliger und besser, jungfräulich durchs Leben zu gehen. So wird dem Kleriker die Angst vor der Erotik und das Schuldempfinden gegenüber der Sexualität schon früh mit auf den Weg gegeben. Er lernt, das Begehren des Vaters als unsittlich oder als Beleidigung der Mutter zu empfinden. Freuds Lehre vom Ödipuskonflikt versteht sich aus dieser Konstellation: Das Kind kämpft für die Mutter in Konkurrenz mit dem Vater. Statt aus der ödipalen Phase herauszuwachsen, bleibt die geschlechtliche Entwicklung des Klerikers in dieser Gestalt der Mutterbindung hängen. (Drewermann betont allerdings, daß das ödipale Bündnis nicht erst in der genitalen, sondern bei dieser besonderen Familiensituation schon in der analen und oralen Phase zustandekommt.) Der Kleriker wählt das Keuschheitsideal für sich, gleichsam als Liebeserklärung an seine Mutter, religiös überhöht als »Ganzhingabe an Gott«, »christus-förmiges Tugendleben«, »Marien-Minne«.
Die Verehrung der Jungfräulichkeit Marias muß in

engem Zusammenhang mit dem Zölibat der Priester, Mönche und Nonnen gesehen werden: Aus Angst vor der eigenen unterdrückten Sexualität flieht man in die Arme der »reinen Gottesmutter« und richtet sich an ihr auf, um die eigenen Triebe durch das Überich-Vorbild der Unbefleckten zu bezwingen. Ganz entsprechend dem Gelöbnis der Kleriker, in lebenslanger Keuschheit zu leben, lehrt die katholische Kirche die immerwährende Jungfräulichkeit Marias (obwohl Jesus Geschwister hatte). Das ist sicher nicht zufällig.[1] Daß diese Form der Marienfrömmigkeit fällt, sobald das Ehelosigkeitsideal aufgegeben wird, das zeigte sich, als Luther 1525 den Pfarrern die Ehe freigab: Wie von selbst und teilweise gegen Luthers Willen endete der Marienglaube im evangelischen Bereich. Vielleicht läßt sich, meint Drewermann, der ganze autoritäre Zentralismus der väterlichen Macht in der katholischen Kirche auch nicht mehr halten, sobald das Ideal des Unverheiratetseins der Kleriker vollends zusammengebrochen ist. Bis das soweit ist, bleibt aber auch der Zölibat ein Mittel der Amtskirche zur Unterdrückung und Kontrolle ihrer Diener. In den Konvikten und Ordenshäusern werden ihre libidinösen Strebungen weiter streng eingedämmt. Durch Unterdrükkung der Weiblichkeit oder Männlichkeit wird das Selbstvertrauen dieser Menschen bis zu dem Punkt erschüttert, wo sie lenkbar und gefügig werden und bleiben. Wenn sie ausbrechen, weil sie, vor die Wahl gestellt, sich zwischen der Liebe zu Gott und der Liebe zu einem Menschen zu entscheiden, den Letzteren wählen, werden sie wie versagende, gescheiterte, in Sünde gefallene Menschen ausgesondert. Drewermanns scharfes Urteil dazu: »Wer die Sexualität eines Menschen beschneidet, vergif-

tet nicht nur die Quelle seiner Triebe, er verstört auch die Klarheit seines Denkens und die Reinheit seines Fühlens« (526).
Schlußfolgerungen: Bevor das Leben eines Klerikers eine Chance bekam, sich selbst zu entdecken und zu entfalten, wurde es mit zerstörerischen Idealen überformt. »Hier steht die katholische Kirche selbst unter Anklage, und sie hat vor den Menschen (und dann auch vor Gott) ein öffentliches Geständnis der gewollten Inhumanität und der seelischen Grausamkeit abzulegen« (641). – Es geht heute um »die Ablösung einer Frömmigkeit und Heiligkeit, die psychisch wesentlich im Überich verankert ist, und die das Ich des einzelnen Klerikers bedenkenlos opfert zugunsten der Institution Kirche... Gott ist nur, wo der Mensch mit sich eins ist. Oder anders gesagt: Es gibt keine ›Erlösung‹ im religionspsychologischen Status einer ebenso neurotischen wie neurotisierenden Sekte« (653f.). Gemeint ist die katholische Kirche.

## *Diskussion*

### Bemerkungen zu den »Klerikern«

Es ist bemängelt worden, daß Drewermann, selbst ein Kleriker, sich und seine an ihm selbst vollzogene Psychoanalyse nicht in seine Darstellung einbezieht. Man könnte in diesem Zusammenhang zum Beispiel fragen, woher es psychologisch kommen könnte, daß er auf »seine« »Mutter« Kirche, der er dienen möchte, so heftig einschlagen muß. Oder fragen, warum er, der doch auch

als Therapeut arbeitet, die in seiner Beschreibung getroffenen Feststellungen nicht mit echten Falldarstellungen belegt, nur mit einigen Zitaten Betroffener. Schließlich bemängeln, daß er, der seinem Buch den Untertitel »Psychogramm eines Ideals« gab, eher das »Ideal eines Psychogramms« lieferte[2], nämlich die verallgemeinerte Idealform der verformten Psyche, die zu einem späteren Kleriker gehört, nicht aber der vielfältigen und differenzierten Seelenlage gerecht wurde, die sich in der psychoanalytischen Behandlung allemal auftut. Von daher kann man vielleicht sogar bezweifeln, ob das alles überhaupt so stimmt, wie Drewermann es dargestellt hat.
Diese Einwände sind wichtig, sie schmälern aber nicht das Verdienst des Buches als einer tiefgreifenden und eindringlichen Systemkritik. Es geht dem Verfasser wohl nicht so sehr darum, seine Erkenntnisse in wissenschaftlich genauer Form darzulegen, sondern darum, die Wissenschaft der Psychoanalyse in ganzer Wucht auf das, wie er es sieht, inhumane System der katholischen Kirche prallen zu lassen. Ein Arzt, der in den USA mehr als 70 Kleriker therapeutisch behandelt hat, bestätigt immerhin bei den Personen seiner Praxis die »frühe Ausbildung des Überichs, das sich ... aus einem strafenden Gewissen und einem überhöhten, wohlwollenden, doch fordernden Ich-Ideal zusammensetzt. Dies löst oft tiefe Schuld- und Schamgefühle aus, vermindert den Selbstwert, führt oft zu Depressionen. ... Wird der innere Herrscher nach außen verlagert und mit Gott gleichgesetzt, verstellt diese Konstellation den Weg zu einem reifen, humanen Selbst. Der Tyrann heißt nun ›Gott‹ und wird vom versklavten Selbst gefürchtet und angebetet. ... Das strafende Gewissen der Kindheit, häufig mit der

Stimme Gottes gleichgesetzt, verstellt somit den Weg zum humanen Selbst.«[3]

Wenn Drewermann in seiner Grundfeststellung vom übermächtigen Kleriker-Überich auf diese Weise bestätigt wird, dann genügt das schon, um seinem Buch für dieses Thema eine ganz zentrale Bedeutung zuzuerkennen. Denn auf keinen Fall darf die Religion Menschen Schaden zufügen. Wenn ein ganzes System als schädigend durchschaut ist, weil es mit einem Herrscher-Überich Menschen niederdrückt, dann muß es abgelöst werden. Aus Liebe zu seiner Kirche geht Drewermann als Psychoanalytiker mit ihr ins Gericht. Vor Augen steht ihm die Vision einer befreiten Religiosität, in der »die Sprache der Sehnsucht stärker ist als die Sprache der Tatsachen« (739), und in welcher der Mensch Gott wieder so finden kann, daß er dadurch heiler gemacht wird.

## Evangelische Gedanken dazu

Läßt sich das, was Drewermann der katholischen Kirche ins Stammbuch schreibt, auch auf die protestantische Kirche beziehen und für evangelische Christen fruchtbar machen? Gibt es auch bei uns die Gefahr, daß Religion und Glaube selbstunterdrückend gelebt und schädlich auf Kinder vererbt werden? Wer könnte diese Frage einfach mit Nein beantworten!

Im evangelischen Bereich gibt es zahlreiche Gruppen, Vereinigungen, Kreise mit einer ausgeprägten Überich-Religiosität. Der übermächtige, strenge Vater-Gott wird dort als Richter verkündigt, vor dem das verängstigte Gewissen stets schuldig bleibt. In manchen Gebetskreisen beginnen Menschen ihre Anrede etwa so: »Vater, du

weißt, daß ich gar nichts bin...« Daran kann sich ein geistlicher Wettbewerb in Selbstbezichtigung und Gottunterwürfigkeit anschließen. Aus dem evangelischen Bereich kommen immer wieder Menschen in die Therapie, die durch streng-religiöse Erziehung verunsichert wurden. Auch in evangelischen Familien dient die Drohung mit dem »Gott, der alles sieht« wohl heute noch hier und da als probates Erziehungsmittel.
Bis vor kurzem mußten die Kinder als Konfirmanden über hundert Katechismussätze auswendig lernen, also Satzwahrheiten sich äußerlich aneignen, als ob sie Tatsachen wiedergeben würden. Mir selbst sind in den fünfziger Jahren als kleinem christlichen Pfadfinder solche Regeln eingeschärft worden: »Jeden Tag eine gute Tat! Den Pfadfinderführern Gehorsam! Der Pfadfinder ist züchtig und rein!« Ist das nicht Ich-Unterdrückung gewesen im Bereich der Oralität, Analität und der Geschlechtlichkeit? Wurden hier nicht Überich-Ideale gebildet, deren Nichterfüllbarkeit zu Ängstlichkeit und schlechtem Gewissen führt?
Wenn im katholischen Bereich die »heilige Kirche« mit ihren »apostolischen Ämtern« und ihrer »objektiven« Heilsmittlerschaft als riesige Außenlenkung auf den Menschen lastete – wie ist es im evangelischen Bereich mit der »Heiligen Schrift«? Wurde sie nicht oft als »papierener Papst« zum äußeren Vorschriftenwerk, als wörtlich von Gott inspiriertes Buch zum erdrückenden Überich? Haben wir nicht bis heute große Mühe, einen etwas freieren, offeneren Umgang mit der Bibel in den Gemeinden einzuführen?
Drewermann hat recht: Religion sollte nicht auf dem Weg des Lerngehorsams[4] gewonnen werden. Sie bildet

sich auf gesündere Weise, wenn wir durch behutsame Begleitung frei wachsen dürfen. Das »äußere Wort« soll eigenes Wort werden dürfen, selbst gewonnen und gefühlt. Die Schrift-Religion soll zu einer Herzensreligion werden können. Im Innern soll der Schatz leuchten dürfen, den Gott uns schenkt, nicht hoch über uns oder außerhalb von uns. Gefühl und Verstand, Außen und Innen, Diesseits und Jenseits sollen zueinanderfinden. Glauben heißt von daher, sich selber anzunehmen, weil und wie Gott uns geschaffen hat. Gottes Wille ist »das Selbstvertrauen und das Glück, sich selbst zu leben und so reich und schön sich zu entfalten, als es irgend geht« (Matthäus I,528).

# V Glauben – Überwindung der Angst durch Vertrauen Drewermanns »Strukturen des Bösen«

## *An Gott glauben*

»Gott ist für mich der Hintergrund des Vertrauens, das Medium, in dem es warm wird, die Kraft, die uns trägt über den Abgrund der Welt. Für mich ist Gott wesentlich Person und das Gegenüber einer Liebe, die ich absolut glauben möchte. Inmitten der Welt läßt sich das niemals so erfahren; alles, was irdisch ist, hat seine Kehrseiten, ist ambivalent. Im Hintergrund des Durcheinanders, so möchte ich glauben, gibt es einen Willen, der uns meint, und der gewünscht hat, daß es uns gibt. Diese Kraft und diesen Willen und, wie ich dann sehe, diese überragende Weisheit und Vernunft nenne ich Gott« (WdH 3,49).

*Gott ist kein Teil des Äußeren, aber auch unabhängig vom Inneren.* Weder so noch so ist er eine objektivierbare oder verfügbare Erscheinung. Er ist aufs engste mit dem seelischen Bereich verbunden, als Teil des Inneren, bleibt uns aber gleichzeitig jenseitig, ein absolutes Gegenüber, ein Wille und eine Kraft hinter den Dingen. Drewermann möchte von Gott nicht in neutralen, lehrhaften »Gott ist«-Sätzen sprechen, sondern in »Gott ist für mich«-Formulierungen. Manchmal hat es dann den Anschein, als sei es nach seinem Gefühl so, daß wir Menschen das göttliche Gegenüber selbst »setzten«. Wenn Drewermann so spricht, hängt es zusammen mit der poetisch-träumerischen Gestalt seiner Theologie und auch mit der Furcht vor der objektivierenden Redeweise. Grundsätzlich betont er das Gegenüber Gottes als *absolut,* von uns losgelöst – doch wiederum nicht so losgelöst von uns, daß wir neutral, unter Absehung von uns selbst, von ihm sprechen könnten. Nur im Glaubensvollzug, in der existentiellen Begegnung erfahren wir ihn, und nur persönlich können wir von ihm sprechen.

*Gott in Person:* Nicht eine unpersönliche Schicksalsmacht, ein allgemeines höheres Wesen, ist Gott, sondern ein persönliches Gegenüber. Dabei besteht eine Wechselbeziehung zu unserer eigenen Personalität, die als Gottesebenbildlichkeit schon im Schöpfungsbericht ausgesagt ist: »In jedem Falle aber verschmilzt der Glaube an Gott auf das engste mit dem Glauben an die Personalität des Menschen, und ein und dasselbe ist es, an Gott als Person, als weltjenseitigen Willen und ewige Liebe zu glauben und die menschliche Person als etwas Absolutes zu betrachten« (TuEx II,343).

*Gott in den Bildern:* »Kein Mensch hätte den Mut, sich auf das Meer seines Unbewußten hinauszuwagen, wenn nicht in ihm selber Bilder angelegt wären, die ihm einen Weg zeigen hinüber zum andern Ufer in seine ewige Heimat« (TuEx II,343). Gott ist in Offenbarungsqualität in den Bildern des Unbewußten gegenwärtig. Freilich ist das Unbewußte auch beherrscht von chaotischen Mächten und oft dunklen religiösen Bildern. Daher, sagt Drewermann, sei es nötig, daß die Bilder in uns »gereinigt«

werden, das heißt durch Bewußtmachung bearbeitet, vom Kranken befreit, durch Begegnung mit Jesus zur Güte hin verwandelt. Gott hat keine dunklen, bedrohlichen Seiten, sondern er ist die absolute Güte und Gnade.

*Gott glauben und sich selbst finden:* Unsere Person entwickelt sich in engem Zusammenhang mit unserer Gottesbeziehung. Gott ist »die Weite unseres Herzens und die Unendlichkeit unseres Denkens. Alles, was wir von Gott je verstehen werden, ist in den Gesetzen unserer Entwicklung und Reifung eingeschrieben, die kein anderes Maß und kein anderes Ziel kennen als ihn, den Unendlichen« (Markus II,291). So werden wir, je tiefer wir unser eigenes Wesen spüren, auch immer mehr von der Sehnsucht nach Gott ergriffen, und je heiler wir in uns selbst werden, um so heiler sind wir auch in der Beziehung zu Gott.

## *Gottes Schöpfung und ihre Zerstörung im Erbe des Christentums*

Dieser Abschnitt ist Drewermanns Buch über Schöpfung und Umwelt mit dem Titel »Der tödliche Fortschritt« gewidmet. In der Einleitung stellt der Autor fest: »In einem beängstigenden Tempo stürzt die Welt derzeit auf einen Abgrund zu. Nach Jahrtausenden eines relativen Gleichgewichts mit der umgebenden Natur hat der Mensch in den letzten zwei Jahrhunderten seine natürliche Umwelt in einer Weise verändert, daß ihm der zivilisatorische Fortschritt selbst zum Alptraum zu werden beginnt« (7).

Wer ist vor allem schuld an der gefährlichen Übernutzung der uns umgebenden Natur? Es ist der Geist des abendländischen Menschen mit seinem aus der jüdisch-christlichen Religion stammenden Herrschaftsanspruch über die Natur. Schon im Alten Testament beginnt mit der Machtübernahme des einen weltüberlegenen Gottes Jahwe über alle kanaanäischen Erd- und Gestirngötter eine Entfremdung des Menschen von der Schöpfung. Sie verliert ihre Heiligkeit und wird zur Materie, die sich der Mensch untertan machen darf. Während die Naturreligionen in ewigen Kreisläufen denken, die dem Jahrkreis nachempfunden sind, beginnt im jüdischen Bereich das Denken in menschlichen Fortschritten, welches bis heute unser Empfinden und Handeln bestimmt. Als Preis für die Überwindung der Ängste vor den mit Göttern und Geistern erfüllten Naturkräften muß der Mensch nun mit einer neuen Angst fertigwerden: daß er als von der Natur losgelöstes Wesen allein dasteht und seine Herrschaft rechtfertigen muß. Dies tut er durch einen exzessiven Gebrauch der Schöpfung.
Indem der Mensch auf diese Weise immer mehr der Mittelpunkt der Welt wird, löst sich unsere Religion, so Drewermann, nicht nur von der äußeren Natur ab, sondern sie raubt dem Menschen auch ein Stück seiner inneren Natur[1]: »Die Seelenlosigkeit des Christentums ist das eigentliche Problem in der weltweiten Zerstörung der Natur aus dem Gedankenkreis des Abendlandes« (132). Mit »Seelenlosigkeit« ist die einseitige Fixierung auf die Rationalität und die Abwertung des Emotionalen, auch des Unbewußten, gemeint. Immer mehr hat sich der Mensch auf seine Verstandeskräfte und seinen Willen konzentriert und seine Gefühle dabei vernachlässigt.

Eigentlich wären in der Seele des Menschen, wie die Mythen, aber auch die Traumdeutungen der Psychoanalyse zeigen, noch viele naturhafte Bilder und Symbole gespeichert, mit Hilfe derer er sich als Teil der göttlichen Natur erfahren könnte: »Wasser und Wind, Berg und Baum, Sonne und Mond, Wolke und Stern, Schlange und Vogel, Höhle und Fels, Wald und Wüste, Hitze und Schnee« (152). »Aber welcher Mensch in den Hochhäusern unserer Großstädte träumt noch von Brunnen und Meeren, Pferden und Raben, Geistern und Ahnen?« (ebd.)

Als traurige Folgerung ergibt sich: »Das Christentum, das mit Absicht und Erfolg den Menschen gegen den besänftigenden Einfluß der Natur gestellt hat, muß sich demgegenüber die Bilanz seiner Bemühungen vorhalten lassen: ein Mensch, der aus Angst vor sich selbst und seinen natürlichsten Regungen weder zu sich selbst noch zu der Natur, die ihn umgibt, ein ruhiges Vertrauen fassen kann, eine Daseinsform, die den Menschen nur in seinen oberflächlichsten Teilen: in Verstand und Willen, gelten läßt, und eine Handlungsweise, die von einer grenzenlosen Habgier und Ichaufblähung gekennzeichnet ist« (141).

Immer wieder meint Drewermann: »Zu lernen wäre hier wieder aus dem jahrtausendealten Erbe fremder Religionen« (132). Weil es nun aber nicht möglich ist, zu den Fruchtbarkeitskulten der Kanaanäer zurückzukehren, sieht Drewermann einzig in der Psychoanalyse eine Chance, den Menschen zu jenen Tiefen hinabzuführen, »an denen er allererst in einer religiösen Weise sich selbst und die Natur als Einheit erleben kann« (145). Die Psychoanalyse sei es, die dem abendländischen Menschen wieder einen Zugang zu den verdrängten und verschütteten Teilen seiner Psyche zurückgibt. »Nach Abtragung des neurotischen Schutts« könnte sie dem einzelnen helfen, »die eigentliche Wahrheit des menschlichen Lebens« wieder eher zu finden (153). Weil solche Heilbehandlung der Seele nur über die Analyse von Träumen möglich ist, lautet Drewermanns Schlußfolgerung: »Es läßt sich daher allen Ernstes und mit vollem Nachdruck sagen, daß die Rettung des Menschen und die Rettung des Lebens auf diesem Planeten auf das innigste zusammenhängen mit der Rückkehr zur ›Traumzeit‹, mit der Wiedererinnerung des Religiösen« (153f.).

Nach einer Reihe von sehr praktischen Untersuchungen und Vorschlägen zum Schutz von Umwelt, Natur, Klima, Flora und Fauna kehrt Drewermann am Schluß des Buches zu seiner These zurück, daß die Umkehr zum bewahrenden Umgang mit der Schöpfung nur durch eine tief innerliche Erneuerung des abendländischen Menschen und seiner Religion möglich sei: »Erst eine solche Geschwisterlichkeit mit all unseren Mitgeschöpfen, eine solche Rückerinnerung an den Paradiesesmorgen wird eine Form von Religion heraufführen, in welcher Natur und Geschichte, Ökologie und Ökonomie, Welt und Mensch, Unbewußtes und Bewußtes, Gefühl und Verstand, Frau und Mann, Leib und Seele eine Einheit bilden können. Gerade eine solche Einheit aber, das läßt sich jetzt schon sagen, wird religiös zunehmend mehr den Maßstab dessen bilden, was wir in Zukunft als Wahrheit werden glauben und als Wirklichkeit werden gestalten können« (406).

## Der Sündenfall

### Die Angst und das Böse

Wir wenden uns nun dem Werk zu, das Drewermann selbst als sein Hauptwerk bezeichnet, den *»Strukturen des Bösen«* (3 Bände, 1978, 6. Auflage 1988). Das ist die Arbeit, mit der sich Drewermann für sein Lehramt an der Hochschule habilitierte: eine gewaltige, vieldimensionale Untersuchung der Urgeschichte 1. Mose 1–11, in welcher Drewermann von drei Seiten, biblisch-exegetisch, psychoanalytisch und philosophisch auf dasselbe Ziel zugeht. Er möchte zeigen, daß es die *Angst* ist und das darin begründete Mißverhältnis zu Gott, das uns Menschen zum Bösen hin bewegt.

Der Mensch teilt die Angst zunächst mit den Tieren: als Gefahrenangst, Hungerangst, Angst, aus der Herde ausgestoßen zu werden usw. Dann aber, wenn der Mensch in der Evolution über das Tier hinauswächst, steigert sich mit diesem Entwicklungsschritt seine Angst: Es entsteht das *Bewußtsein* und damit auch das Wissen von der eigenen Zufälligkeit, Endlichkeit und Sterblichkeit. So *angstmachend* ist dieses Wissen, daß der Mensch sich in enorme Anstrengungen stürzt, um sein Leben zu sichern. Er beginnt, wie wir wissen, zu diesem Zweck unendlich Gebrauch zu machen von allem, was sich darbietet, von der Schöpfung und von den Mitgeschöpfen, er schafft sich Geld und Gut, Gesundheitsvorsorge, Waffen und Heere, beutet die Natur und die ärmeren Völker aus und überzieht damit die von der Natur vorgegebenen Antworten auf die Angst auf oft absurde Weise.

Für den Gewinn, ein Individuum zu sein und Bewußtsein und Freiheit zu haben, muß der Mensch aber noch weitere Angstpreise bezahlen: Er wird gewahr, daß sein Dasein nicht-notwendig ist, durch nichts zu begründen; daß er als Freier sich moralisch entscheiden muß; daß er schuldig wird und sich nicht rechtfertigen kann. Und in allen hieraus entspringenden Ängsten beginnt das Böse, sein Werk zu vollbringen. Denn der Mensch, dieses eigenartige Wesen, kann seine Angst vor sich selbst nicht zulassen und verdrängt sie deshalb. Das geschieht, indem er sie zum Beispiel anderen macht: durch Selbstgerechtigkeit, Unangreifbarkeit, Leistungswahn und Machtgehabe. Oder er verdrängt sie, indem er in innere Schein-Sicherheiten flieht, wie die Zwanghaftigkeit der Lebenseinteilung oder das Sich-Unentbehrlichmachen im Beruf. Doch letztlich gibt es für uns keine Daseinssicherung und keinen schlüssigen Beweis der eigenen Notwendigkeit.

*Das alles müßte freilich nicht so sein!* Denn der Mensch, dessen Angst sich durch die Bewußtwerdung so ins Unendliche steigert, daß er versucht, sich seine Absolutheit selbst zu schaffen, könnte lernen, Hilfe und Halt in dem absoluten Gegenüber Gottes zu finden: »Wenn die Personalität des Menschen die Quelle aller Angst ist, wird es eine Beruhigung dieser Angst nur geben, indem dieses Feld der Unendlichkeit selber als eine absolute Person gesetzt wird. Nur in deren Gegenüber kann ein Mensch als freies personales Wesen die Angst beruhigen, die es kostet, ein Individuum zu sein« (Gespräche, 31). Doch obwohl der Mensch die Bilder Gottes in sich trägt, die ihm helfen könnten, Ruhe und Halt zu finden, obwohl er Sehnsucht hat nach diesem ewigen Gegenüber und sein Leben gern vertrauensvoll aus der Hand Gottes nehmen würde, ist es sein Schicksal, ständig aus dem Vertrauen zu Gott herauszufallen. Die Angst läßt ihn nicht los! In der Folge kommt es immer wieder zu denselben Fehlreaktionen und zum Fall in die Sünde. So erzählt es die Urgeschichte der Bibel: Um sich selbst einen absoluten Grund und Halt zu schaffen, versucht der Mensch immer neu, »Gott in seinem Leben durch den unendlichen Krampf eines selbstgeschaffenen Wie-Gott-Seins zu ersetzen« (Strukturen III, XXXI).

## Symbol und Wirken der Schlange in der Sündenfallgeschichte

Die Geschichte 1. Mose 3 macht sichtbar, was die Angst in uns anrichtet, und was also unser Wesen (unser Stand in der »Erbsünde«) ist. Drewermann ist nach umfassenden Untersuchungen zu der Überzeugung gekommen, daß in dem Symbol der Schlange hauptsächlich dic Bedrohung durch das Nichtsein und die Nichtigkeit gesehen werden muß. Der Rachen der Schlange ist der Abgrund der Negation, der Vernichtung, und das in ihrem Auftreten bildlich beschriebene Erlebnis ist als erstes das Erschrecken darüber, daß nichts in der Welt, der Mensch selbst eingeschlossen, an sich selbst notwendig ist. Man vermag dann »im Erleben einer unendlichen Angst nur noch in den Abgrund des Nichts zu starren«. Doch dann erhebt sich im Menschen als zweites »ein leidenschaftlicher Wille, seinem Dasein durch sich selbst absolute Bedeutung zu verschaffen« (I,342). Das ist der Moment des Griffs nach der verbotenen Frucht.

Wenn sich die Frau von der Schlange überreden läßt, den Apfel zu nehmen, ist sie nach Drewermann also nicht so sehr von Begierde, Ungehorsam, Stolz oder Autonomiestreben geleitet, sondern primär von *Angst.* Im Verführungsgespräch mit der Schlange kann man etwas davon spüren, wo die Frau, solange sie sich noch gegen die Schlange wehrt, Gottes Verbot, von dem Baum zu essen, selbst noch verschärft zu dem Verbot, den Baum auch nur zu berühren. Darauf schon, sagt sie, stünde der Tod. »Der so tabuisierte Baum erscheint jetzt selbst als eine Quelle der Gefahr. Auf diesem Gipfelgrat der Angst, jetzt, wo Gott und Tod sich zu einer zusammengehörigen Vorstellung verbinden, und der Mensch, durch die Angst von Gott, der ihn allein noch retten könnte, getrennt, nicht ein noch aus weiß, da stellt die Schlange sich selbst als Retterin hin, die dem bedrohten Menschen die Todesangst durch eine neue Verheißung nimmt« (I,66f.): Ihr werdet keineswegs des Todes sterben. Der Mensch, zwischen der Angst vor Gott und der Angst vor dem Rachen der Schlange wie schwindelnd hin und her schwankend, fällt schließlich der Macht anheim, die ihm eine Ersatzsicherung vorgaukelt. Drewermann: Die Tragik des Geschehens und die Schuld der Frau liegt darin, daß Eva »zu Gott nicht mehr zurückfindet, nachdem durch die Infragestellung seitens der Schlange sein Bild in den Schatten des Mißtrauens und der Angst geraten war, und daß ihre Angst stärker ist als ihr Vertrauen« (I,78).

Das ist der Anfang des Bösen in der Welt. Indem das Mißverhältnis zu Gott im Lauf der Zeit immer größer wird, gerät der Mensch nach den Geschichten von 1. Mose 3–11 in die Sogkraft des Bösen, und alles wird nur noch unheilbarer. Drewermann weist darauf hin, daß das Wort »böse« sprachlich mit to boast, sich aufblähen, zusammenhängt. Man kann verfolgen, wie das Böse sich »aufplustert« bis hin zum Bau des Turms von Babel, wo die Menschen dann sagen werden: »Laßt uns einen Turm bauen, der bis zum Himmel reicht, damit wir uns einen Namen machen – denn sonst werden wir zerstreut.« Drewermann möchte die Schuld des Menschen nicht mindern, wenn er aus der Geschichte von der ersten Sünde eine Geschichte von der schlimmen Wirkung der Angst macht. Die Urgeschichte schildert den Menschen, so faßt er zusammen, in der »Zwangsgesetzlichkeit der Angst im Felde selbstverschuldeter Gottesferne« (PuM I,126).

## Psychologisch betrachtet: Der Fall der Angst als Fall in die Neurose

Wenn wir nun einen Schritt weitergehen, stoßen wir in den »Strukturen des Bösen« auf etwas sehr Schwieriges: Drewermann möchte ein neues Verständnis für die Entstehung der Sünde wecken, indem er sie in enger Nachbarschaft mit einem psychologischen Phänomen beschreibt, nämlich der Entstehung der Neurose. Das allmächtige Grundgefühl der Angst, meint er, ist psychologisch gesehen die Ursache der Neurose, theologisch betrachtet wird es auch zur Ursache der Sünde. Sünde und Neurose sind sehr wohl zu unterscheiden, so wahr Theologie und Psychologie zu unterscheiden sind. In der biologischen, erlebnishaften Entstehung und Auswirkung können die beiden aber auch als eines betrachtet werden. Hier betreten wir ein Gebiet, in dem Drewermann komplizierte und umstrittene Gedankenkonstruktionen errichtet. Sein Ziel ist, eine Lehre von der Erb-

sünde zu gewinnen, für welche er Erkenntnisse der Psychologie als hinweisende Hilfsmittel benützt.
In der Schule von Sigmund Freud wurde die frühkindliche Entwicklung in vier Phasen aufgeteilt (nicht mehr drei wie bei Freud selbst): Einheit-Trennungs-Phase, orale, anale und genital-ödipale Phase. Wenn die Entwicklung in einer der vier Phasen konflikthaft verläuft, kommt es zu psychischen Fehlbildungen, die Freud Neurosen nannte. Immer sind es sehr angstmachende Erlebnisse des Kleinkindes, die zu den neurotischen Fixierungen in den entsprechenden Phasen führen. Weil das so ist, kann man den vier Phasen vier entsprechende Angstformen zur Seite stellen, die dann zu Neurosen führen:
Einheit-Trennungs-Phase – Spaltungsangst – schizoide Neurose;
orale Phase – Angst vor Mangel an Zuwendung – depressive Neurose;
anale Phase – Angst, etwas herzugeben – zwanghafte Neurose;
genital-ödipale Phase – Angst vor Bindung – hysterische Neurose.
Man kann die vier Angstformen zu Gegensatztypen paaren und so aufzeichnen, wie es der Freud-Schüler Riemann[2] vorgeschlagen hat (s. Abb. S. 98).
Die Paare zeigen, in welche Richtung die Angst fallen kann, wenn sie nicht mehr aus noch ein weiß. Zu jeder Möglichkeit gibt es eine entgegengesetzte. Wer sich selbst beobachtet, kann entdecken, daß er wohl etwas von allen vier Ängsten im eigenen Wesen hat, meistens aber sind zwei dominant ausgeprägt, während ihre Gegensatzpartner dann zurücktreten. Erst in einem extremen Charakter wird die jeweilige Angstform zur klini-

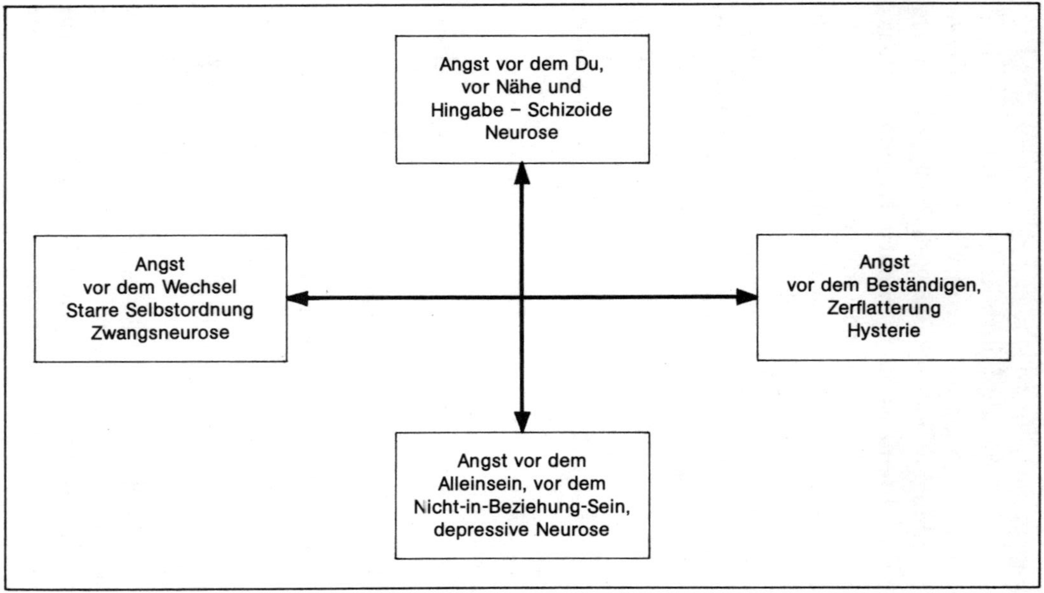


*Die vier Grundformen der Angst nach F. Riemann*

schen Krankheit, in der Normalform bildet sie einen Teil unserer Persönlichkeit.

Zur Psychologie von Angst und Neurose, wie die Freud-Schule sie entwickelte, hat Drewermann sehr interessante frühe Parallelen bei *Sören Kierkegaard* gefunden. In dem Buch »Der Begriff Angst« versucht Kierkegaard, wie Drewermann, psychologische Untersuchungen anzustellen, die ihm hilfreiche Hinweise zum Verständnis des Erbsündenproblems liefern können. Er entdeckt ebenfalls eine Vierzahl von Ängsten – die er allerdings dann auch Verzweiflungen nennen kann –, die den Menschen je nach dem Gesichtspunkt sowohl psychologisch wie auch theologisch qualifizieren (s. Abb. S. 100).

Obwohl die Begriffe teilweise andere sind, kann man die große Verwandtschaft zwischen den vier Neurosen und den vier Verzweiflungen Kierkegaards erkennen. Zum Beispiel: Der Schizoide erschrickt ängstlich davor, daß alles so endlich und begrenzt ist, Leben, Welt, Beziehungen, eigene Sicherheit. Er zieht sich deshalb mißtrauisch in sich selbst zurück und verwartet das Leben am Fenster sitzend, ohne sich den Menschen zuzuwenden. Er bindet sich nicht und stellt immer alles in Frage. Der Depressive dagegen leidet an der Unendlichkeit der Dinge, der Pflichten und Aufgaben, der Nöte und Hingabemöglichkeiten. Er hat für ewig Angst, er könnte an jemand etwas versäumen, und verliert sich in Beziehungen. Seine Lebensaufgabe ist es, die unendliche Schuld seines Daseins abzutragen und sich in Liebe zu verströmen.

Die Gefühlswelt der vier Neurosen oder Verzweiflungen kann hier nur andeutungsweise beschrieben werden. Drewermann selbst hat sich in vielen Büchern immer wieder

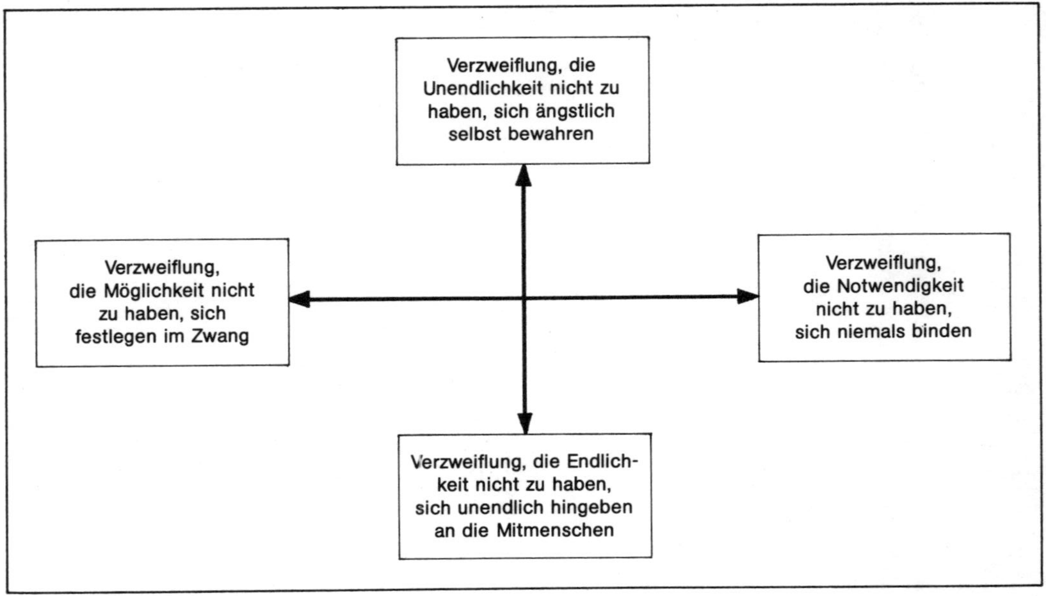


*Die vier Verzweiflungen nach Kierkegaard*

die Mühe gemacht, farbig und eindrucksvoll zu beschreiben, was die Angst anrichtet und wie sie den Menschen prägt, schwierig und krank machen kann.[3] Neurose ist ein Übel, das aus Angst geboren wird, und die vier genannten Formen sind Lasten, die Menschen zu tragen haben; sehr oft tragen sie sie in die Behandlungszimmer der Psychotherapeuten hinein.

## Theologisch betrachtet: Der Fall der Angst als Fall in die Sünde

Um zu verstehen, wie sich Sünde von der Neurose abhebt, muß man den Vorgang der Entstehung der Neurose nun aus einem veränderten Gesichtswinkel betrachten: Man kann ein und denselben Prozeß als *unfrei oder frei sich vollziehend* denken. Wenn das menschliche Wesen bei diesem Vorgang als unfrei reagierend angesehen wird, kann es für das Ergebnis nicht verantwortlich gemacht werden; wird aber eine innere Freiheit und eine bewußte Entscheidung vorausgesetzt, dann ist das sich entwickelnde Böse schuldhaft verursacht. Es wäre verkehrt, den aus der Angst geborenen Schritt zum Schädlichen bloß als eigengesetzlichen Prozeß psychologisch oder biologisch zu erklären und das Ergebnis dann als Krankheit oder Ausdruck einer verkehrten Naturordnung zu behandeln. Wenn der Mensch für alles, was er tut, pauschal entschuldigt wird, vernachlässigt man seine Freiheit und Schuldfähigkeit.

Als Wesen, die ihrer selbst bewußt sind, ist uns aber die geistige Fähigkeit geschenkt, im Bösen das Produkt unserer freien Entscheidung zu erkennen. Wir haben ein Ich, in welchem wir die in uns wirkende Angst erkennen und

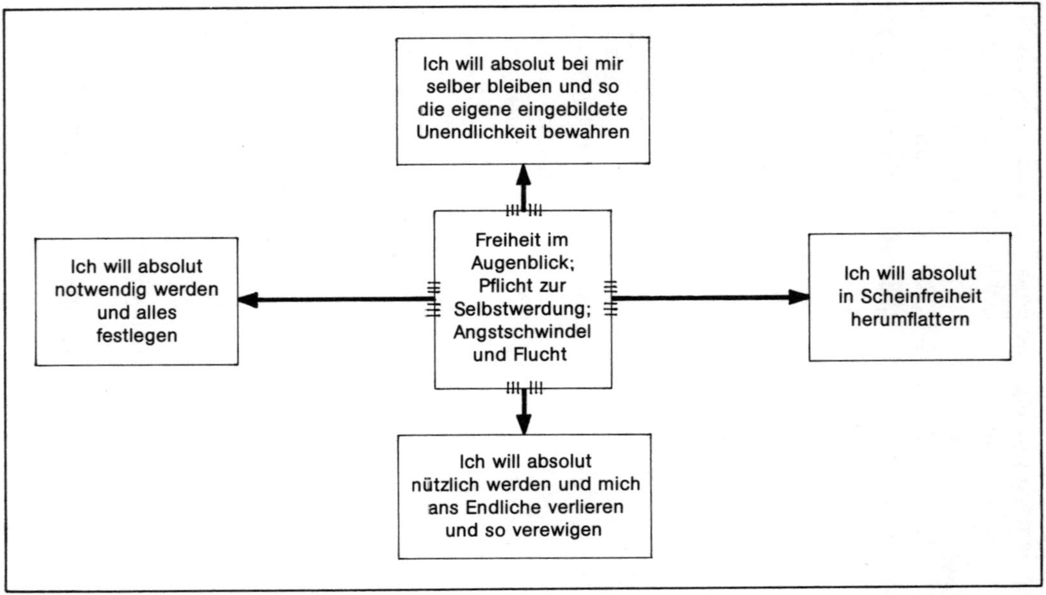


*Entstehung der Sünde nach Kierkegaard*

auf sie reagieren können. Auch wenn wir vor unserer Freiheit Angst bekommen und sie durch Flucht in vereinseitigende Lösungen selbst einzuengen oder gar zu zerstören suchen – wir sind das Subjekt unseres Handelns, und nichts kann uns die Verantwortung für unser Handeln abnehmen. Deshalb muß gefolgert werden: Wenn es uns nicht gelingt, unsere Individualität und Personalität bedachtsam zu nützen und von unserer Freiheit vernünftig und moralisch Gebrauch zu machen, dann ist das Ergebnis unseres Handelns als *Sünde* zu betrachten.

Was geschieht im Entstehungsprozeß der Sünde im Menschen? Keiner hat es plastischer beschrieben als Kierkegaard: »Angst ist der Schwindel der Freiheit, der entsteht, indem der Geist die Synthese setzen will« (= der Mensch sich zu einem Lebensschritt entscheidet; d. Verf.) »und die Freiheit nun hinabschaut in ihre eigene Möglichkeit und da die Endlichkeit ergreift, um sich daran zu halten. In diesem Schwindel sinkt die Freiheit ohnmächtig um. ... Im selben Augenblick ist alles verändert, und indem die Freiheit sich wieder aufrichtet, sieht sie, daß sie schuldig ist.«[4] Was hätte die Freiheit ergreifen sollen, die sich für die Endlichkeit entschied? Die Unendlichkeit des absoluten Gottes! Doch ach, das Endliche, Irdische schien ihr sicherer, und so setzte sie das für absolut. In vier Richtungen kann sich die Freiheit entscheiden, und so schwer ist es für sie, sich treu zu bleiben und nur an Gott anzulehnen, daß es ihr unmöglich wird und sie sich eine Ersatzsicherheit sucht (s. Abb. S. 102).

In diesem Schema sieht man nun die vier Neuroseformen als Formen der Sünde dargestellt, welche entsteht, wenn es der menschlichen Freiheit vor lauter Angst schwindlig wird. In Kierkegaards psychologisch-philosophisch-theologischer Betrachtungsweise muß man die vier Gestalten der Sünde dann als den menschlichen *Versuch* erkennen, *die Angst des Bewußtseins durch Selbstzerstörung der menschlichen Freiheit zu beseitigen.* Dabei wählt der Mensch Lösungen, die ihm die Möglichkeit vorgaukeln, er könne die Freiheit bewahren und wie Gott werden. Gut verständlich ist es, daß Kierkegaard diese Scheinlösungen Verzweiflungen nennt. Drewermann: »Man kann die ganze Neuroselehre der Psychoanalyse durchbuchstabieren als Versuche, auf bestimmte Weise wie Gott zu werden. Absolut notwendig werden kann man z. B. als Daseinshaltung in der Zwangsneurose belegen« (WdH I,68). Entsprechendes gilt für die drei anderen Neuroseformen: absolut nützlich, absolut sich selbst bewahrend, absolut ungebunden. Diese verzweifelte Selbstvergottung ist aber nach 1. Mose 3 die Ursünde des Menschen. Wirkliche Freiheit gibt es nur in der unendlichen Freiheit Gottes, die allerdings keine irdische Sicherung bietet.

Die Psychoanalyse hilft zum Erkennen und Bewußtmachen dessen, was ist; die Theologie aber soll beschreiben, was der Mensch von seiner Bestimmung her sein sollte oder werden könnte. Die Theologie soll dem Menschen sagen, wie er sündigt vor Gott, und wie er lernen könnte, seine Angst vor der Freiheit in der absoluten Freiheit Gottes zu beruhigen und die irdische Angst mit Hilfe des ewigen Erbarmens umzuwandeln in ein neues Vertrauen in den Urgrund des Daseins.

## *Jesus – Überwinder der Angst durch Vertrauen in Gott*

Jeder, der Drewermann schon gelesen hat, weiß, daß dies nach Überzeugung dieses Autors das Hauptanliegen Jesu war: den Menschen zu helfen, ihre Angst in einem neuen Vertrauen zu Gott zu überwinden. Noch über dem inneren Auftrag, Gottes Liebe und Güte bei denjenigen Menschen auszuteilen, die davon wie abgeschnitten waren, steht das Amt Jesu, von *Angst* zu heilen, genauer gesagt: Jener Auftrag kommt in diesem zum Ziel. Es ist nach dem oben Gesagten auch deutlich, daß es dabei im letzten Grund um die Befreiung von der *Sünde* geht. Sie ist ja eine Geburt der Angst, denn aus Angst flieht der Mensch in Scheinsicherungen, zieht er Grenzen, schnürt andere ein, nimmt die irdische Existenz wichtiger als Gott. Vielleicht kann man vier verschiedene Auswirkungen der Angst erkennen, denen Jesus sich heilend zuwandte:

Jesus wollte uns zum einen befreien aus der Angst vor *Menschen:* »Was habt ihr für eine Angst vor Menschen, die nur Macht über euch haben, solange sie euch einschüchtern können, indem sie eure physische Existenz bedrohen? Es gilt, nur Gott zu respektieren, einzig Gott (Mt 10,28). Alles andere sind Vorwände, die ihr euch zurechtlegt, solange ihr Angst habt. Aber eine solche Angst ist nicht nötig für den, der glaubt, sie ist nicht nötig unter den Augen Gottes« (Markus II,501). »Was man aus seinem Munde in jeder Rede hören und was man in jeder Begegnung mit ihm erfahren konnte, bestand immer wieder in der Versicherung, daß es nicht nötig sei, vor irgend etwas in dieser Welt eine solche

Angst zu entwickeln, daß wir unser eigenes Wesen, das Werk Gottes, verbiegen und verlügen müßten« (aaO., 664). Jesus konnte darum seine Jünger geradezu ermuntern, am Sabbat ein heiliges Gebot zu brechen, auf dessen Übertretung die Todesstrafe gesetzt ist, oder er zögerte nicht, am Sabbat einen Verkrümmten aufzufordern, sich aufzurichten und zu gehen. Er wollte, daß die Menschen gegen die Angst vor Satzungen die Kraft des Vertrauens setzen.

Zum andern hilft er uns, die Angst *vor Gott* zu überwinden: »Er wollte in seiner Existenz die Art seines Gottes verkörpern, den er seinen und unseren Vater nannte (Joh 20,17), und er wollte ganz einfach, daß wir ein für allemal aufblicken könnten zu diesem Gott mit den wiedergewonnenen Augen von Kindern, die die Angst noch nicht gelernt haben und die noch imstande sind zu einem großen, grenzenlosen Vertrauen« (Markus II,500).

Weiterhin wollte Jesus die Menschen, die krank waren, herausführen aus den *ängstlichen Verkrümmungen ihres Selbstvertrauens* zu einer Heilung und Reifung im Vertrauen zu Gott. Er trat auf diese Leute mit ihren Verkrüppelungen und Verengungen zu und gab ihnen ihre Würde und Gotteskindschaft zurück: »So geschah es, daß, wenn er die Augen der Blinden berührte, sie sich öffneten zum Licht, und daß Menschen, die sich selber in ihrer eigenen Existenz so unzumutbar und abscheulich fühlten wie Aussätzige, unter der Berührung seiner Hände sich selbst zurückgegeben wurden und in die Gemeinschaft der Menschen zurückkehren durften« (Markus II,500). – Auf Drewermanns Verständnis von Jesu Heilungen als Befreiung von Angst werden wir im nächsten Kapitel noch eingehen.

Schließlich die Angst, die es kostet, ein *Individuum* zu sein und *sterben zu müssen:* »Seit dem Beginn der Bewußtwerdung stellt sich dem Menschen der Tod als Problem dar, auf das die Natur keine Antwort (mehr) gibt; dennoch ist die Versuchung unausweichlich, mit der unendlichen Energie des Bewußtseins sich an die irdische Existenz zu klammern, wie wenn man sie von der unendlichen Angst des Geistes befreien könnte; und doch gibt es nur die Antwort, die in der Person Jesu lebte: gegen die Angst das Vertrauen zu setzen und einen jeden Menschen zu lehren, daß er in seiner Würde vor Gott eine unvertauschbare Größe und Bedeutung besitzt, weil er in seinem Dasein unsterblich ist« (TuEx II,500). »Letztlich wagt es Jesus, uns vorzuleben, daß auch der Tod kein Argument ist gegen die Tragfähigkeit des Vertrauens. So deute ich die Angst Jesu in Gethsemane« (Gespräche, 45).

Angst plagt den Menschen umfassend; das wird im Christentum gesehen, denn damit setzt es sich hauptsächlich auseinander. Drewermanns Ansicht gipfelt in dem Satz: »Das Problem, auf das das Christentum spezifisch und da nun exklusiv antwortet, ist das der menschlichen Angst. Und so verstehe ich Gethsemane und Golgatha als Durcharbeiten eines Extrems von menschlicher Angst und Erlösungsbedürftigkeit« (Gespräche, 81). Mit diesem Gedanken will Drewermann ausdrücken: Jesus selbst hat sein Vertrauen zu Gott nie verloren, auch in Gethsemane nicht. Aber wir, die wir seine Passion so erzählen, wie es die Evangelisten tun, arbeiten unsere eigene Angst im Bild und Schicksal des leidenden Jesus durch, weil wir nur so, durch Jesu Urbild und Vorbild, mit ihr fertigwerden. Jesus selbst waren die Konsequen-

zen seines Handelns bewußt, und er mußte in Gethsemane vor allem mit der Angst vor jenen ringen, denen er vorher so viel Vertrauen geschenkt hatte. Diese Angst vor Menschen hat ihn am Abend der Verhaftung befallen, aber eine Angst vor dem Tod oder vor Gott hat er eigentlich nicht gekannt. (Vgl. Markus II,482ff.)
Auch uns will Jesus ein Vertrauen schenken, das von nichts auf der Welt mehr erschreckt wird. Deshalb hier zusammenfassend der Satz Drewermanns: »Jesus ist für mich einzigartig dadurch, daß ich auf die Ängste, die mir bekannt geworden sind, im letzten keine andere Antwort weiß, als an Gott so zu glauben, wie Jesus es mich gelehrt hat« (Gespräche, 64).

## *Jesu Passion und Auferstehung*

»Gerade er, der mochte, daß man keinen Menschen ausstößt«, wird nun »selbst ein Ausgestoßener. Man nimmt ihm übel, daß er grenzenlos geliebt hat. Man verlangt zurück und fordert ein: die Grenzziehungen, die Abriegelungen, die Einordnungen, die Einschnürungen – die Welt muß wieder sicher werden; sie darf nicht so maßlos beunruhigt werden, wie der Mann aus Nazareth es wollte« (Markus II,502). Jesu Leiden folgt konsequent auf seine Provokation der Mächtigen. Zu viele Spielregeln hat er mißachtet, als er sich den Gescheiterten, Schwachen und den Kollaborateuren der Römer, den Zöllnern zuwandte. Es mußte zum Prozeß gegen ihn kommen. Jesus steht vor seinen Verfolgern, wenn wir sein Schicksal mit Drewermanns Augen sehen, etwa so wie die unerschrocken liebenden, auf Gott vertrauenden

Männer Luther, Gandhi oder M. L. King. Doch mehr als diese Menschen verkörperte er die Liebe Gottes ganz einzigartig: »Alles, was wir je von Gott begreifen werden, war in ihm lebendig, und wo immer wir untereinander ein Stück Liebe pflegen und erfahren, werden wir nach und nach von jener Wahrheit mehr verstehen, die er uns bringen wollte« (Markus II,668).

Jesus ging letztlich freiwillig und ohne Angst auf den Tod zu. Weil er das glaubt, wendet sich Drewermann gegen die alte Lehre vom *stellvertretenden Sühnetod Jesu,* jedenfalls wenn mit dieser Sicht der Kreuzigung eine von *Gott* veranstaltete stellvertretende Tötung des eigenen Sohnes gemeint ist. Die Vorstellung eines Opfers Jesu unter dem Willen eines strafsüchtigen, patriarchalischen Gottes bezeichnet Drewermann als »archaisch, barbarisch und roh« (Markus I,70). Gott ist die Liebe, und als solcher *kann* er nicht seinen Sohn grausam opfern oder andere blutige Vorleistungen fordern, bis er bereit ist, zu vergeben und zu erlösen. In den »Klerikern« hat Drewermann ja auch zu zeigen versucht, daß ein Opfer Jesu, als Unterwerfung und Selbstverzicht verstanden, nicht befreien kann, sondern neue Schuldgefühle hervorruft, und er hat im Namen der Psychoanalyse die ganze »Opfermentalität« der katholischen Kirche (die Haltung, sich selbst hinzugeben, um Gnade zu finden) scharf verurteilt (s. Kleriker, 277 ff.). Für Drewermann »kommt alles darauf an, daß das Leiden Christi nicht als Prinzip neuer Angsterzeugung verstanden wird, sondern als der Weg begriffen wird, in dem die grundlegenden Angstsituationen des menschlichen Daseins auf Gott hin durchgegangen und geöffnet werden« (Strukturen III,513).

Weil nun die Lebens- und Leidensgeschichte Jesu nach dem Willen dieses Autors »als eine zusammenfassende Erlösungsgeschichte der Angst der gesamten menschlichen Existenz« (Strukturen III,LXI) gelesen werden soll, deutet Drewermann die Tötung Jesu als alleinige Tat der *Menschen.* Er beschreibt sie – in psychoanalytischer Ausdrucksweise – als »eine symbolisch-stellvertretende Durcharbeitung der verdrängten Gefühle von Haß und Zerstörung und Rache« (Markus I,71). Im Geschehen der Verspottung, Geißelung und Hinrichtung Jesu ereignet sich etwas Ähnliches wie im Zimmer des Therapeuten: Der Mensch arbeitet in einer Übertragung alles Dunkle seines Wesens am Psychotherapeuten ab, vor allem vielleicht den Haß auf den eigenen Vater. Und so, wie der Therapeut stellvertretend die Aggression und den Widerstand des Klienten auf sich nimmt, so muß Jesus in der Sicht Drewermanns unseren Haß und unsere Zerstörung als unschuldiges Opfer ertragen, damit es geschehen kann, daß unser Vaterbild sich reinigt und wandelt. Dadurch entsteht Erlösung und neues Leben in der Form von Selbstfindung und Reifung und Überwindung der Angst.
Aus dem dunklen Kampf der menschlichen Seele heraus gedeutet, wird die Kreuzigung als menschliche Veranstaltung, an der wir immer beteiligt sind, verständlich. Im Durchleiden unserer Angst und unseres Hasses gelangen wir, Jesus betrachtend, vom Karfreitag zu Ostern und zur Befreiung unseres Vertrauens: »Nichts, woran wir so hängen, daß es uns ermöglicht, Menschen zu sein, wird im Tode zugrunde gehen. ... Selbst der Karfreitag ist nur ein Anfang. Begreifen wir Jesus in der Stunde seines Todes tief genug, so schwinden die letzten Gründe der

Angst. Es *gibt* die Kraft einer unzerstörbaren Liebe. Es *gibt* den Mut einer ewigen Wahrheit. Es *gibt* einen Gott, der will, daß wir leben, und der uns beruft zur Unsterblichkeit« (Markus II,668).

## *Vergebung, Erlösung, Rechtfertigung*

### Vergebung

Ein Wort der Gnade, der Annahme wird Gott auf den Lippen tragen, wenn wir vor ihn treten. Und davon erfüllt, ging Jesus zu den Zöllnern und Sündern, den hundertsten Schafen überall und wandte sich ihnen begnadigend und heilend zu. Er ließ erkennen, »wie man Menschen aufrichtet, wie man ihnen Vertrauen gibt, wie man der Sünderin, die weinend zu Jesus kommt, ihr Gefühl für die eigene Würde zurückgibt, indem sie sich trotz der Schuld akzeptiert fühlt. ... All diese Dinge löst man niemals mit Moral, sondern durch eine Form der Begegnung, die es erlaubt, sich selber erst einmal wiederzufinden und von innen heraus zu regenerieren, buchstäblich aus Gnade« (Gespräche, 60f.).
Drewermann möchte, daß dem Menschen die Vergebung nicht in einem sakramental-äußerlichen Automatismus zugeeignet wird, sondern daß er sie persönlich, mit eigenen Schmerzen und Erleichterungen, erfährt. Wenn wir unsere Gottesbeziehung und Selbstbeziehung nicht durch Leiden und Kämpfen hindurch neu formen und gewinnen, wenn wir sie also nicht psychologisch durcharbeiten, dann kann »aus dem, was Angebot und Erfahrung sein müßte, wieder eine Soll-Vorschrift, eine neue

Gesetzlichkeit werden« (Gespräche, 46). In der Psychotherapie geschieht es, daß Menschen sich öffnen können und erschüttert sind darüber, was die Angst, so wie sie sich in ihrem Leben ausgeprägt hat, anrichten konnte. Die Annahme durch den Therapeuten erfahren sie als ein Stück Vergebung, die letztlich von Gottes Güte herrührt, der uns umfängt und hält. So könnte es auch in unserer Beziehung zu Jesus immer wieder geschehen.

## Erlösung

Man kann sich daran reiben, daß »Erlösung« bei Drewermann, so wie Vergebung, einem therapeutischen Erlebnis nahesteht: als Befreiung von psychischen Fehlhaltungen, Zwängen und Verkrümmungen, als Entfaltung eines erneuerten Vertrauens zu Gott. Möchte Drewermann Theologie auflösen in Psychoanalyse und Seelsorge in Therapie? Eher umgekehrt: »Die Psychoanalyse hätte ihr Ziel erreicht, wenn sie wieder dort einmünden könnte, wo sie geistig und praktisch ihren Ursprung hat: in der religiösen Dimension der Erfahrung von Sinn und Geborgenheit ... unter den Händen einer absoluten Güte, die sie nur insoweit setzen und vermitteln kann, als sie sie voraussetzt und selber zu ihr hinfindet« (TuEx II,206). Psychoanalyse ordnet sich also ein in die religiöse Seelsorge; andererseits ist es für Drewermann unabdingbar, daß alle Glaubenserfahrung auch im psychischen Bereich gesundmachend wirkt.

Darum meint »Erlösung« für ihn nichts Jenseitiges, sondern eine Ewigkeits- und Gotteserfahrung im jetzigen Leben. Zwar betont Drewermann: Das Christentum ist eine Erlösungsreligion! Wer aber im Christentum Erlösung von Angst, Sünde und Not erfährt, der entkommt nicht der irdischen Welt, sondern lernt etwas kennen, das den täglichen Existenzvollzug prägen wird: erlöstes Gottvertrauen.

## Rechtfertigung

»Heute kann ich sagen, daß mir die zentralen Fragen der Reformation den Schlüssel bilden, um christliche Erlösungslehre neu zu formulieren« (Gespräche, 97). »Luther war derjenige, der aus der Gnade Gottes sein eigenes Ich zurückgewonnen hat« (aaO., 63). Wenn es um Rechtfertigung geht, möchte Drewermann allerdings das Suchen und Fragen des Menschen 450 Jahre nach Luther anders beschreiben. Nicht mehr: Wie finde ich einen gnädigen Gott? ist seiner Meinung nach die Frage des Menschen heute, sondern: Wie finde ich Rechtfertigung für mein Dasein? Denn der Mensch ängstigt sich heute nicht mehr so sehr vor dem allmächtigen Vater im Himmel, sondern vor dem Leben selbst, vor der eigenen Existenz und vor dem Urteil der Umgebung: Wer rechtfertigt mein Dasein, das so ganz zufällig und nicht-notwendig zu sein scheint? Auf diese Frage gibt es zwei Antworten: Der Mensch versucht, sich selbst zu rechtfertigen, indem er einen künstlichen Grund seines Daseins zurechtzimmert – oder er läßt sich die Rechtfertigung von der Gnade Gottes schenken.

# VI Glaube und Heilung – Die therapeutische Dimension des Religiösen Drewermanns »Wort des Heils und Wort der Heilung«

## *Die umfassende Einbeziehung der Psychoanalyse*

Auf vielfältige Weise haben wir kennengelernt, wie sich Drewermanns Ansatz, die Religion zu verstehen, auf die innere Gesundheit auswirkt: Dieser Theologe hat ja das Werk der großen Väter der Psychoanalyse in die Religion eingebracht[1] – so konsequent wie keiner vor ihm –, und wir sahen, welche Veränderungen das ermöglicht:
*C. G. Jung* bedeutet den Abschied von der Äußerlichkeit, der seelenlosen Verdinglichung religiöser Symbole; positiv gesagt: die gegenseitige Durchdringung des Seelischen und Religiösen, so daß Selbstfindung und Gottfindung zusammenkommen und die innere Entsprechung des Lebens und Reifens der Seele mit den Zeugnissen und Bildern der Gottesgeschichte im Glaubensbekenntnis erkannt wird. »Für die Theologie ist es sehr wichtig, die Dogmen des Christentums, die Aussagen über die objektive Wirklichkeit Gottes mit den Bildern der Hoffnung und Sehnsucht zu verbinden, die in der menschlichen Seele angelegt sind und in denen allein Gott zur Erscheinung kommen kann« (Strukturen II,XXVIII). So zu sprechen, hat Drewermann bei Jung gelernt.
*S. Freud* bedeutet die Reinigung des Gottesbildes von den bedrohlichen Anteilen des väterlichen Überichs; die Befreiung des Ich zu einer gesunden, autonomen Bezie-

hung zu Gott; in dem allen auch die Erneuerung der Kirche: »Von Freud wird man, bezogen auf die Religion, Gewinn haben, wenn man ihn benutzt, um das, was in der Kirche heute unterdrückend, repressiv, autoritär, strukturell gewalttätig, entfremdet, aufgesetzt, unecht, geheuchelt und bizarr ist, zu analysieren und abzuarbeiten« (Gespräche, 92). Dahinter steht die Erkenntnis, vor allem durch Freud gemacht, daß Erlösung von der Angst, welche im Charakteraufbau des Menschen zu so vielen Verformungen führen kann, in der Religion ebenso wichtig ist wie in der Psychotherapie.

Beide, Jung und Freud, haben den Traum als Königsweg zum Unbewußten neu erkannt. Von daher bildeten sich mächtige psychoanalytische Schulen, die den Menschen hauptsächlich mit der Deutung der Traumbilder zu helfen versuchen. Drewermann macht viel Psychoanalytisches für seine Lehre fruchtbar, und er weiß, daß sich Widerspruch dagegen regen muß. Doch das ficht ihn nicht an:

»Zwar verhält sich heute noch ein großer Teil der kirchlichen Lehre aufgrund der gesamten Verstandeseinseitigkeit des Abendlandes der Psychoanalyse gegenüber in ähnlicher Weise wie ein Neurotiker gegenüber seinem Unbewußten, das er mit allen Mitteln der Verdrängung, Projektion, Gegenbesetzung u. ä. von der bewußten Wahrnehmung ausschließen möchte; aber es wird ihr auch ähnlich widerfahren wie jenem: durch den nicht länger aufzuschiebenden Kontakt mit den verdrängten und vom Leben abgeschnittenen Seelenkräften wird Ergänzung, Bewußtseinserweiterung, Integration und Heilung möglich. Wie anders der Mensch unserer Zeit (wieder) mit sich in Einklang kommen und die Theologie ihre

innere Glaubwürdigkeit zurückerhalten soll, ist weit und breit nicht abzusehen« (Strukturen II,XXIX).
Einige Beispiele für die Aufnahme von Erkenntnissen und Modellen der Psychoanalyse in das Verständnis von Theologie und Religion:

*Jesus als göttlicher Arzt und Psychotherapeut:* »Wir verpassen das Wichtigste und müssen es heute in der Kirche wieder lernen: von den abgespaltenen, fast feindlich gewordenen Brüdern des Christus, von Psychologen, Psychotherapeuten, Psychoanalytikern« (Leben, 232). Was wir versäumen, das ist Heilung in dieser Weise, »dem Verdrängten, Zerstörten, dem für unrein Erklärten nachzugehen, auf keinem anderen Weg, als den Jesus selbst beschritt« (ebd.). Der Therapeut also ein Bild und Bruder des Christus – und umgekehrt! So innig verbindet Drewermann das Religiöse, Christliche mit dem, was heutige Seelenheiler für die Psyche tun.
Der Therapeut wird dadurch, daß er einen Vertrauensraum schenkt und sich als Person dem anderen zuwendet, zur »Bedingung der heilenden Bilder eines reifenden, sich in Bildern vollziehenden Vertrauens« (TuEx II,768). Ähnlich sagt Drewermann von Jesus: »So wird man auch die Offenbarung Gottes in dem Menschen Jesus von Nazareth nicht anders verstehen können, als daß von der Person Jesu eine solche Güte und Wärme ausging, daß all die Bilder des Heils, die in der menschlichen Seele angelegt sind, durch seine Nähe auf den Plan gerufen wurden« (ebd.). Mit Hilfe dieser Sicht wird Drewermann die wunderbaren Heilungen, die in den Evangelien erzählt werden, so auslegen, daß sie an Heilungsbehandlungen der Psychotherapie erinnern.

*Die Bevorzugung des Gefühls vor dem Verstand:* Hier ist Drewermann so konsequent, daß man manchmal fragen muß: Was wird aus dem Bewußtsein, dem Willen, der Vernunft? Muß die nötige Gegenbewegung zum Rationalismus unserer Zeit wirklich so extrem zur Erfahrung, zum Seelischen, Tiefenpsychologischen führen, wie es bei diesem Autor geschieht? Will Drewermann am Ende eine Verschmelzung des Seelischen mit dem Göttlichen? Wird die Brücke zu Gott nicht mit dem Bewußtsein geschlagen, welches Garant ist dafür, daß Gott und Mensch getrennt bleiben? Bei näherer Prüfung wird man allerdings erkennen, daß es trotz der starken Betonung des Unbewußten bei Drewermann dabei bleibt: »Mag auch die Zone des bewußten Ichs tiefenpsychologisch sich ausnehmen wie eine Nußschale auf hoher See, so ist sie es doch, in welcher die Fracht sich birgt, die zum andern Ufer gelangen soll« (TuEx II,345). Zwar wird das Gefühl bevorzugt vor dem Verstand, doch kommt der Mensch als Person zu Gott, als Ich, als Subjekt, als Bewußtsein, und es findet keine Auflösung der Person im Meer der Gefühle statt.

*Die personale Beziehung – im Glauben und in der Psychotherapie:* So wie in der therapeutischen Zweierbeziehung das Gegenüber der Personen die Grundlage des heilenden Prozesses ist, so ist auch Gottes personales Gegenüber unabdingbar notwendig, damit wir uns zu Gott beziehen können. Drewermann betont etwas für den Glauben, was er von der Psychologie gelernt hat, bzw. für die Psychologie, was es von Jesus zu lernen gibt. Auch bei Jesus war die personale Begegnung das Grundelement der Wandlung, Heilung und Erlösung. Und immer wieder besteht Drewermann darauf, wie wichtig es gewesen sein muß, daß diese Person historisch gelebt und gewirkt hat. Nur seine echte persönliche Nähe konnte all die Bilder vom Heil auf den Plan rufen, wie sie sich dann im christlichen Glaubensbekenntnis ausformten.

*Der tiefenpsychologische Zugang zum Verstehen der Bibel:* Die Texte der Schrift werden als mythisch-symbolische Ausdrucksformen des seelischen Erlebens mit Gott gedeutet. Obwohl das Historische nicht geleugnet wird, wird der überzeitliche Charakter der religiösen Wahrheit und Wirklichkeit hervorgehoben. Die religiösen Erfahrungen der Bibel gelten immer, und wir können und sollen mit den Gottesbegegnungen der biblischen Zeit »gleichzeitig« werden. Die biblischen Geschichten werden mit Hilfe der Psychoanalyse oft »subjektal« gedeutet, das heißt auf die innere Entwicklung des Einzelmenschen bezogen. So kann eine Volks-Erzählung wie die vom Auszug aus Ägypten zum Bild des Reifungsweges werden, den wir als Individuen durchmachen.

*Das Verständnis der Sünde in der Nähe der Neurosenlehre:* Drewermann: Ich halte »die Neurosenlehre der Psychoanalyse heute für das entscheidende Nadelöhr, um alles theologische Sprechen von Schuld und Erlösung … richtig einzufädeln – nicht um die christliche Sündenlehre in Neurosenlehre aufzulösen, sondern um in den Zuständen aller möglichen Formen seelischer Erkrankung … zu erkennen, was theologisch mit einem Leben inmitten einer Welt radikaler Gnadenlosigkeit gemeint ist« (Früchte, 11). In gleicher Richtung lehnt sich die Auffassung von Erlösung an die Heilung der Psychotherapie an: »Und ebenso halte ich die therapeutischen Erfahrungen der Tiefenpsychologie für das heute wichtigste Modell zum Verständnis von Erlösung im christlichen Sinne« (ebd.). Wohlgemerkt: Drewermann sagt nicht, die beiden seien identisch, sondern das Weltliche sei ein Modell für das Geistliche.

*Tiefenpsychologische Deutung von Glaubenslehren und Dogmen:* Beispiel: Die Erklärung des Kreuzestodes Jesu. Anders als die Bibel, nach welcher Jesus als »Lamm Gottes« den stellvertretenden Sühnetod durch den Willen *Gottes* sterben muß, stellt Drewermann nach dem Vorbild der psychoanalytischen Beziehung den Tod Jesu so dar: Der *Mensch* reagiert alle Aggression, alles Böse an diesem Unschuldigen ab, gerade so wie der Klient seine negativen Gefühle dem eigenen Vater gegenüber auf den Therapeuten überträgt und sie an diesem Objekt abarbeitet. – In ähnlicher Weise will Drewermann auch andere Aussagen des Glaubensbekenntnisses oder kirchlichen Dogmas von der Psychoanalyse her aufhellen und ihre Bedeutung und Notwendigkeit für den inneren Weg des Menschen tiefenpsychologisch verständlich machen. Wenn das Christentum seine Bewußtseinseinseitigkeit aufgäbe, so meint er, würde es die psychischen Quellen und Verankerungen der eigenen Dogmen und Riten wieder erkennen und damit zu den natürlichen Grundlagen des Glaubens zurückfinden.[2]

*Trotz allem – Psychoanalyse nicht Meister, sondern Hilfsinstrument der Theologie:* Nach diesen Beispielen der Eintragung von Psychologischem ins Religiöse (die um

## IM ÜBERBLICK

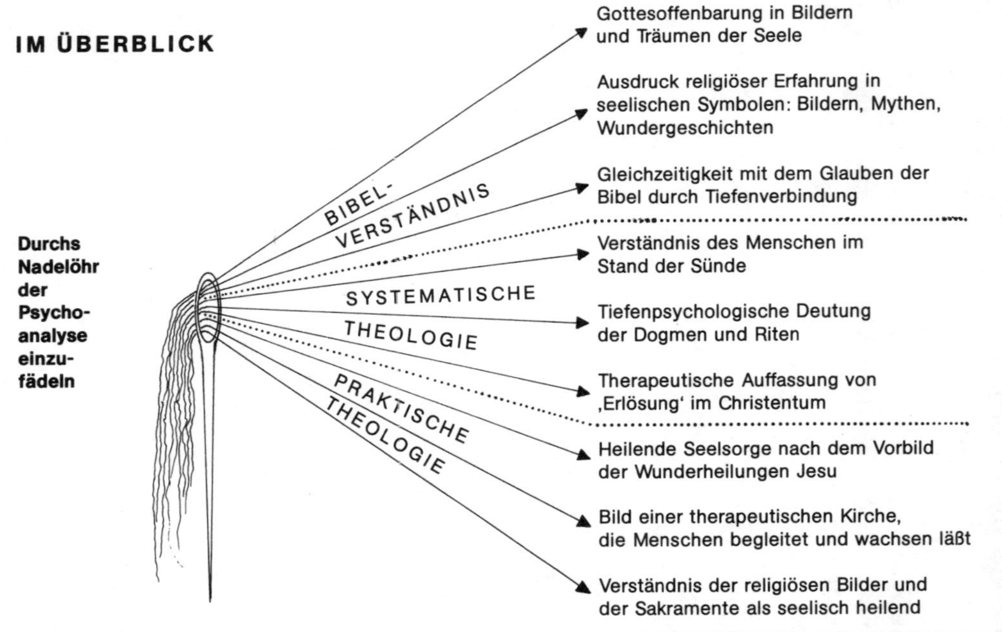

viele vermehrt werden könnten) zum Schluß die Einordnung, die Drewermann selber gibt. Psychologie und Analyse sind für ihn kein Meister, sondern eine Magd der Theologie, nämlich ein Hilfsinstrument, um die Erkenntnis vom Menschen zu verbessern.[3] Und was in der Therapie geschieht, ist nur ein Modell dessen, was im christlichen Sinne mit Erlösung gemeint ist. Freilich läßt sich das Therapeutische vom Religiösen auch nicht so einfach trennen, denn Gottfindung und Selbstfindung sind nach Drewermann (und Jung) Reifungswirklichkeiten *eines* Wesens und *eines* Grundes. Am liebsten möchte Drewermann Religion und Theologie mit Hilfe der Psychoanalyse so heilen und zu sich selbst zurückbringen, daß man eines Tages dieses ärztliche Instrument gar nicht mehr braucht (»Es wäre ... gut, ... zu verstehen, daß ich die Psychoanalyse ... nur benutze, um von ihr loszukommen« (Markus II,731, Anm. 14). Weil der Tag aber noch nicht gekommen ist, an dem dieses Ziel erreicht wäre, deshalb gilt: »Bis dahin bleibt die Psychoanalyse wohl unser aller Schicksal« (TuEx II,790).

## *Die neuartige Auslegung der Wunderheilungsgeschichten*

Innerhalb der Bibelauslegung Drewermanns fällt seine Deutung der Heilungswunder ganz besonders auf. Jesus, so Drewermanns Überzeugung, heilte nicht körperliche Leiden auf wunderbare Art, sondern psychische durch die Kraft seines Vertrauens, und nur mittels der inneren Heilung half er dann auch dem Körper. Solch eine Deutung der Wunderheilungen macht aus ihnen eine Art psychosomatischer Behandlung, bei der von der Erkenntnis der Psychologen ausgegangen wird, daß aus verdrängter seelischer Angst körperliche Krankheiten entstehen können. In den religiösen Psychotherapien der Krankenheilungen wird nach Drewermann erzählt, wie jemand zum Glauben kommt und »welche Erfahrungen ihn dahin bringen, selber für sich, ... gegen alle Angst das Laufen, das Sehen, das Hören, das Sprechen wiederzuerlernen« (TuEx II,238).

Wie kommt Drewermann zu dieser Auslegung? Als heute lebender Mensch kann er nicht so einfach an eine wunderbare Durchbrechung der Naturgesetze glauben. Für ihn ist es darum ausgeschlossen, daß Jesus fotografierbare Sofortheilungen vollbracht hat – auch wenn es bis zum heutigen Tag immer wieder Wunderheilungen geben mag. Es gehe primär darum, sagt er deshalb, »die Wunder als Taten und Tatsachen des Gefühls und des Affektes, nicht des Verstandes zu verstehen« (TuEx II,64) und zu begreifen, daß die Heilungen sich an der Seele vollziehen, die eine Wesensgestalt des Leibes ist.

Die Verfasser der Geschichten, die sie aus der Erinnerung an die Erfahrung mit Jesus formten, lebten in einer Zeit, in der wunderbare Heilungen nicht so stark aus der Naturordnung herausfallen, wie wir es heute empfinden. Auch waren das priesterliche und das ärztliche Tun in der Antike noch ganz ursprünglich eins, so daß Behandlungen von Krankheiten stets auch religiösen Charakter hatten. Weil jene Verfasser Jesus im Gefühl als Heiland erlebten und an seine göttlichen Taten glaubten, erschufen sie mit »unbewußter Weisheit« und »traumhafter Sicherheit« (ebd.) diese Szenen, in welchen das Heilende der Person Jesu erfahren werden kann. Auch von uns!

Obwohl wir heute zu biologisch-äußerlichen Wunderheilungen wenig Zugang haben, verstehen wir sehr wohl noch mit der Seele, innerlich, was es heißt, wenn die Bibel von Krankenheilungen Jesu erzählt. Drewermanns Auslegungsform könnte deshalb auch für uns einen Zugang zu den Geschichten herstellen, weil sie uns den Weg eröffnet, mit unseren eigenen Gefühlen die Krankheiten mitzuerleben und ihre Überwindung zu erfahren. Das sei möglich, sagt Drewermann, wenn man »die einzelnen Krankheits- und Unheilssituationen ... als Artikulation der Daseinsangst« sieht, und folgert dann: »In jedem Fall muß die immanente Psychologie der Wundererzählungen dazu verwandt werden, den latenten Ängsten in der Tiefe des Empfindens nachzuspüren« (aaO., 241). Drewermann glaubt, daß Jesus solche angstgeborenen Leiden wirklich geheilt hat, nicht in Sekunden, sondern vielleicht in Jahren. Aufgabe der Auslegung sei es dann, die Erfahrungen von Krankheit und Heilung, die sich oft über einen längeren Zeitraum erstreckten und die von den Evangelisten dann zu einer kurzen Begegnung verdichtet wurden, wieder so zu zerdehnen, daß man auch als heute lebender Mensch im Gefühl realisieren kann, was sich damals ereignet haben könnte. Durch diese Vorgehensweise verstehen wir, daß die Wundererzählungen von Ängsten berichten, »die in jedem Menschen schlummern und die ihn daran hindern, zu seinem eigentlichen Wesen zu finden«. Nur der Glaube besitzt die Kraft, Menschen wieder zu sich selbst zurückzuführen: »Gottfindung und Selbstfindung verhalten sich in den Wundererzählungen daher wie Grund und Folge« (245).

Nach Drewermann berichten die Wundererzählungen

von tiefgreifenden und heilsamen Bewegungen des Gefühls, des Glaubens und des Lebensvertrauens, und jede einzelne wird unter der auslegenden Hand dieses Theologen zu einem »Bild der Erlösung«. Mag es auch sehr berechtigte Einwände gegen solch eine Art der Bibelinterpretation geben – was wir bei Drewermann lesen, rührt auch bei uns tief innerliche Schichten an, und wir können daraus für uns selbst neu lernen, was Jesus wohl meinte, als er zu den Kranken sprach: Dein Vertrauen hat dir geholfen.

Beispiel: Auslegung der »Auferweckung der Tochter des Jairus« (Markus 5,35–41; TuEx II,277–309)[4]

Es geht nach Drewermann in der Geschichte um ein zwölfjähriges Mädchen, das sich »unmittelbar am Beginn seines Reifens zur Frau dem Tod näher fühlt als dem Leben« (TuEx II,295). Die erzählte Wiederbelebung wird entsprechend als Rettung aus einer psychischen Entwicklungskrise betrachtet. Das Kind an der Schwelle zum Erwachsenwerden hat einen überbesorgten und überbehütenden Vater, der seine Tochter zum Spiegelbild eigener Wünsche gemacht hat. In der Geschichte bleibt sie deshalb namenlos, »ohne eigenes Ich, ohne eigene Gestalt«, vom Vater daran gehindert, sich zu einem selbständigen Menschsein zu entfalten. So stark ist Jairus' Töchterlein an diesen Menschen gebunden, daß »es ihr über die Maßen schwer fallen wird, seine absolute Person gegen irgendeinen andern Mann einzutauschen« (297). In magersuchtartiger Entwicklungsverneinung verfällt sie schließlich in eine »hypnoide Starre, wie sie allem Anschein nach hier vorliegt«, als »schreckhafte Abwehr gegen jede Art genitaler Berührung – eine Art Totstellreflex, wenn man der (sexuellen) Bedrohung (von innen oder außen) nicht mehr entweichen kann« (291). In dieser Erzählung wird also ein Mädchen gerettet, das »den Tod förmlich herbeisehnt und herbeiruft, um sich die ›Reinheit‹ der Kindertage zu bewahren«. Mit »Talitha kumi« wendet sich Jesus so an das »tote« Kind: »Mädchen, wage du ruhig den Aufstand, dich auf deine eigenen Beine zu stellen; lerne du selber das Laufen und geh deiner eigenen Wege – du bist alt genug dazu« (308). Die Auferweckung der Jairus-Tochter ist »eine Auferwekkung vom Unleben zum Leben, von Entfremdung zur Selbständigkeit, von Neurose zur Heilung« (ebd.).

Aber auch Jairus erhält Hilfe. »Gerade weil dieser Mann unter allen Umständen das Leben seiner Tochter sein und erhalten will, ist er ihr Tod und bringt sie um« (301). Das Jesus-Wort »Fürchte dich nicht, glaube nur« spricht Jairus deshalb so an: »Du brauchst, Jairus, dich ein für allemal nicht mehr um deine Tochter zu ängstigen, als wenn du selber der Herr über Leben und Tod zu sein hättest. Das Leben deiner Tochter ist nicht dein Eigentum.« Jairus »darf seine eigene Fürsorge durch das Vertrauen ersetzen, daß Gott über das Leben seiner Tochter wacht... Nur wenn er lernt, seine Tochter Gott zurückzugeben, der sie geschaffen hat, wird sie in Wahrheit leben können« (304). Jairus soll lernen, loszulassen, herzugeben, auch in den Tod hinein, weil nichts auf der Erde uns letztlich gehört, und weil man das eigene Jungsein oder Vatersein nicht verewigen kann. Irdische Liebe kann zur Todespraxis der Angst werden, »wenn der Glaube an die Auferweckung der Toten nicht das eigene Leben durchseelt und gestaltet« (308).

## *Heilende Seelsorge*

Vielleicht kann man sagen: Außer für das Gebiet des Bibelverständnisses hat Drewermann für kein anderes Gebiet so viele wertvolle Impulse gegeben wie für die Seelsorge. Einige der hilfreichen Anstöße seien hier dargestellt – meistens entnommen aus den drei Interview-Bänden »Wort des Heils und Wort der Heilung«:

*Innere Einheit von Seelsorge und Psychotherapie:* Drewermann versteht sich als religiöser Psychotherapeut bzw. therapeutischer Seelsorger, Psychoanalyse nennt er bescheiden »ein Nadelöhr für die gelebte Form von Christentum« (WdH I,154) oder »nichts anderes als eine Form gelebter Menschlichkeit« (aaO., 116). So viel einfache Seelsorge geschieht also nach der Überzeugung dieses Mannes »auf der Couch«! Die Psychoanalytiker können und sollen bei den kirchlichen Seelsorgern tatsächlich etwas lernen: daß sie nicht heilen können ohne den Hintergrund der Liebe, ohne den Glauben an eine geheime Führung Gottes in jedem Menschenleben, ohne ein tieferes Verstehen für die innere Beziehung zwischen Seele und Gott. Andererseits erhofft sich Drewermann von der Seelsorge, daß sie auch von der Psychoanalyse lernt: »Wer das Unbewußte, die Welt der Träume, nicht zur Kenntnis nimmt, ... wird weder den Menschen vor Gott noch Gott im Menschen verstehen« (PuM I,176). Außerdem kann Seelsorge von der Psychotherapie abschauen, was die Haltung der Annahme ist, bzw. das Verzichten auf Ratschläge und Vorschriften.
Drewermann hat das Heilen Jesu zum Vorbild für sein eigenes priesterlich-ärztliches Heilen genommen, und

wieder gibt er dies Beispiel an uns weiter: »Als Jesus seine Jünger aussandte, gab er ihnen den Auftrag, sie sollten den Kranken die Hände auflegen, Dämonen vertreiben und verkünden, das Gottesreich sei nahe. Verstehe ich diesen Befehl richtig, so ist damit gemeint, was Seelsorge und Psychotherapie gemeinsam tun können« (PuM I,163).

*Der Raum der Geborgenheit und Annahme:* »Was in der Psychotherapie geschieht, ist nichts anderes als das, wovon ich glaube, daß es die Religion tun sollte, nämlich einen Raum zu öffnen, in dem Menschen ohne Zensur und Dirigismus leben können« (WdH I,122). Seelsorge bzw. Psychotherapie ist das Angebot solch eines Gastraumes, in dem der Ratsuchende geschützt ist und frei atmen kann. Er darf in ihn eintreten als in einen Bereich der Gnade, in dem er vorbehaltlos angenommen wird. Die Beziehung zum Seelsorger bzw. Psychotherapeuten darf er als Feld des Vertrauens erleben, in dem er sich öffnen und entfalten kann. Ein raumgebender, gütiger Stil ermöglicht dem Klienten, seine Verhärtungen aufzuweichen und seine Traurigkeiten und Sehnsuchtsgefühle frei fließen zu lassen. Es geschieht dann, daß er seine Innenräume auftut und sich selbst besser wahrnimmt, denn oft zum ersten Mal hat er hier die Chance, seinen ihm zustehenden Raum im Leben wirklich einzunehmen. »Wenn man … durch einfache Menschlichkeit … einen Raum vorbehaltloser Akzeptation eröffnet«, dann öffnen »sich die steinernen Wände der Welt zu den wärmeren Strahlen des Himmels hin«, und es kommt zu »einer ersten Ahnung … von der Gnädigkeit des Daseins, wie Jesus sie vermitteln wollte« (Früchte, 44).

*Seelsorge als Begleitung:* »Wenn ich mich recht besehe, verstehe ich mich am ehesten im Sinn einer therapeutischen Haltung von Begleitung« (WdH II,191). »Das Beste, was man tun kann, ist, den anderen die zwei Meilen Weges zu begleiten, die er wirklich braucht (Mt 5,41)« (WdH I,130f.). Denn die Menschen »suchen jemand, der sie begleitet, ihre Motive versteht, der die Gebrochenheit ihres Lebens zur Kenntnis nimmt, der sich in ihre Lage einfühlen kann, der offen ist für problematische neue Lebenswege, und der sie nicht allein läßt, wenn sie Fehler machen oder scheitern, der das Vertrauen hat, daß man auch aus Falschem, aus Versuch und Irrtum schließlich lernen kann« (WdH II,200). Man sollte also erkennen, »daß das, was heute analytische Psychotherapie heißt, de facto ganz einfach den Versuch darstellt, die geduldige Begleitung mit unserem Leben, wie auf dem Weg nach Emmaus, so gut es geht, unter Menschen erfahrbar zu machen« (Früchte, 169f.). Der andere findet dann seinen Weg schon selbst, denn er spürt, wo er zu Hause ist: »Das einzige, das wir tun sollten, ist, den andern zu begleiten, dahin, wo er selbst gehen möchte, um nach Hause zu kommen... Das ist für mich das ganze Christentum« (WdH I,165).

*Das positive Menschenbild der Seelsorge:* Drewermanns Sicht vom Menschen ist positiv, nicht aufgrund menschlicher Erfahrung, sondern aus religiösem Glauben heraus: »Der Mensch ist von Haus aus gut« (WdH I,110): In ihm ist eigentlich alles angelegt, um gut zu sein, und Gott hat ihn nicht anders gemacht und gemeint, als daß er sich darum mühe, seinem inneren Bild entgegenzuwachsen. In der therapeutischen Behandlung schenkt Drewermann einen Vertrauensvorschuß, der sich nur von der Religion her rechtfertigen läßt: »Um den Menschen wirklich zu vertrauen, braucht man eine ganze Reihe von Kredit, der sich ja eigentlich bloß aus dem Schöpfungsglauben herleitet« (ebd.). Aber auch Jesu liebender Umgang begründet das uneingeschränkte Gut-Denken vom andern, denn in seiner Nähe treten die Menschen in das Kraftfeld »einer Liebe, die sie meint und mehr von ihnen glaubt, als man sie je zu glauben gelehrt hat« (WdH II,173). So bringe der Seelsorger dem Klienten die Kraft von Glaube, Liebe und Hoffnung entgegen, und er wird sehen, wie sich Güte, Liebe und Menschlichkeit in dem andern entfalten, weil sie da angelegt sind.

*An den Glauben im seelsorgerlichen Gegenüber glauben!* Zum menschlichen Wesen gehört die lebendige Gottesbeziehung als eine von Haus aus in ihm wohnende Möglichkeit und Sehnsucht. Das kann man spüren, wenn Menschen sich in der Seelsorge öffnen, sich dem Seelsorger anvertrauen, oder wenn sich in einer therapeutischen Behandlung die Bilder des Heils und der Heilung einstellen, in denen Gottfindung und Selbstfindung in Einheit geschehen kann. Menschen brauchen »Erlösung«, und wenn sie bei einem »gnädigen Nächsten« Geborgenheit und Annahme finden, kommt ein Prozeß in Gang, bei dem sie etwas von ihrem Urgrund neu finden können, der immer schon in ihnen angelegt war. Seelsorge braucht niemals einem andern »zum Glauben zu verhelfen« oder ihm das Evangelium predigtartig zu verkündigen. Der Glaube ist schon da und wird von selbst aufwachsen, blühen und sich äußern, wenn ihm Zeit und Raum gelassen wird. Gott selbst sorgt dafür.

*Erlösung in der Seelsorge:* Wäre dem Menschen nichts Angstmachendes begegnet, er hätte keinen Grund, böse oder schwierig zu werden. Weil es die Angst ist, die den Lebensaufbau des Menschen so verformt, daß er nicht mehr sein will oder kann, was er ist, deshalb muß auch die Heilung ganz im Menschlichen ansetzen, dort, wo die Zerrissenheit der Seele entstand, und muß Erlösung als ein fast naturhaftes Geschehen verstanden werden. Sie nimmt uns nicht aus der Welt heraus, sondern ist ein fortdauernder Prozeß heilender Entwicklung *in* ihr. Was dabei geschieht, soll nicht nur im Glauben, sondern auch in der Psyche erfahren werden können. Durch diesen Vorgang wird der Mensch gleichzeitig von Gott umgriffen und auf der Erde heimischer. Der Seelsorger bzw. Psychotherapeut, der erlösend für einen Menschen wirken möchte, braucht außer der Haltung des Verstehens und der bedingungslosen Güte auch »die Scharfsicht der Erkenntnisse, die folgen, wenn man der Psychologie der Angst in ihren Vernetzungen nachgeht« (WdH II,193). Auf der Seite des Klienten, der Erlösung erfährt, ist zu erinnern an die »Gottmäßigkeit der menschlichen Seele, ihre wunderbare Fähigkeit, sich in den Schichten ihres Unbewußten dem Geheimnis des Daseins in den ewigen Bildern der Religion zu öffnen«. Eben das ist »die Grundlage für das Wunder der Heilung in der Kraft des Glaubens« (TuEx II,129).

*Die Kraft der personalen Beziehung:* »Ich bin immer wieder darüber erschrocken, zu sehen, wie Menschen, einfach indem man ihnen zuhört, indem man ihnen Mut macht, auszusprechen, was in ihnen vor sich geht, mitunter in wenigen Stunden Dinge sagen können, die sie oft jahrzehntelang verborgen haben. Mir als Unbekanntem tragen sie Dinge vor, die sie der eigenen Frau, dem eigenen Mann jahrelang sich verweigert haben mitzuteilen« (Gespräche, 68). Woher kommt dieses Vertrauen? Es beruht kaum auf der Technik der Gesprächsführung, die ein Therapeut bzw. Seelsorger anwendet, sondern fast ausschließlich auf dem elementaren Vorgang einer unbewußten religiösen Übertragung. Der Priesterarzt oder göttliche Seelsorger ist in seiner religiösen Symbolik eine Figur, der man sich öffnet, der man sein Innerstes zeigen kann, weil *Gott* als der Vertraute unseres Herzens unser Leben begleitet und weiß, was uns in der Seele bewegt. In der personalen Beziehung allgemein, aber ganz besonders in dieser religiös geprägten Vertrauensgemeinschaft sieht Drewermann deshalb die Grundvoraussetzung für ein erlösendes Ereignis. Auch von Gott gilt mit tiefer Begründung: »Der Gott der Bibel ist *wesentlich* Person« und ist »am tiefsten erfahrbar im Dialog der Liebe« (TuEx II,345). Und desgleichen von Jesus: Nur eine wirklich historische Person, wie Jesus sie war, konnte alle diese Bilder im Menschen hervorrufen, die dann so heilend wirken. Denn allein eine *Person* »kann auf uns als Personen mit jener unvergleichlichen Energie wirken, die wir ›Liebe‹ nennen« (Früchte, 62).

*Das Vorbild der Seelsorge Jesu:* Jesus ist uns bekanntgeworden als der Inbegriff des göttlichen Therapeuten, der die Menschen sucht, um sie anzunehmen und zu heilen. Er befreit sie aus inneren Gefängnissen und taut die Eisberge ihrer Angst auf. Er streichelt ihnen über die Stirn, um sie sich selbst zurückzugeben. Er fragt sie nicht, ob sie Römer oder Juden sind, sondern, ob sie leiden. »Wir nennen Jesus den Sohn Gottes, weil er imstande war, Menschen, die in sich verkrümmt, wie blind, wie taub, wie tot waren, Gott nahezubringen, indem er sie so berührte, aufrichtete, streichelte, daß sie den Mut zu ihrem *eigenen* Leben wiederbekamen« (WdH II,203). Für diejenigen, die wegen der Gebote und Vorschriften der Juden keine Chance hatten, wollte Jesus dasein und lieber, etwa am Sabbat, ein Gesetz brechen als das Herz eines Menschen. Bedingungslos annehmend wandte er sich Personen zu, die auf der falschen Seite standen, wie Römer und Zöllner, und ging auf die als unrein geltenden Kranken zu, um ihnen zu helfen. Seine Heilung war Seelsorge, Verkündigung und Therapie in einem, und immer wieder beauftragte er die Zwölf, es ihm darin gleichzutun. Dieser Befehl des Heilands gilt nicht nur für die Jünger, sondern, wie Drewermann betont, auch für uns. Jesus zeigte uns ja, wie das geht: wie man Menschen aufrichtet, wie man ihnen Vertrauen gibt, wie man einem in Schuld Geratenen, der weinend zu uns kommt, das Gefühl der eigenen Würde zurückgibt, wie man einer Frau, die beim Ehebruch ertappt wurde, zunächst einmal einen Freiraum gibt, in dem sie sich trotzdem akzeptiert fühlt, usw. Diese einfache und doch herrliche Seelsorge können wir von Jesus lernen.

## *Traum von einer seelsorgerlichen Kirche*

Wie allgemein bekannt, *leidet Drewermann an seiner Kirche.* Er vermißt in ihr all das, was ihm persönlich als jesuanische Form von Menschlichkeit, als raumgebende, liebevolle, therapeutische Gemeinschaft wichtig geworden ist. Der einzelne kann in der katholischen Großkirche keine Wärme finden, meint Drewermann, weil es dieser Kirche nicht um den einzelnen geht, sondern nur um sich als Großgruppe. »Ein beträchtlicher Schaden entsteht dadurch, daß immer größere Menschengruppen in einer derart kalt gewordenen Kirche zu erfrieren drohen, sich von ihr zurückziehen oder den Kontakt mit ihr von vornherein meiden« (Früchte, 71). Nur weil es hier solch einen »Ausfall an heilender, angstlindernder Kraft« gibt (ebd.), »an Innerlichkeit, an Poesie, an Seelenhygiene, an Begeisterung« (Früchte, 157), deshalb muß »die Psychotherapie ... die Nullstellen des Religiösen übernehmen und zu kompensieren suchen« (ebd.). – Drewermanns Kirchenbeziehung ist empfindlich, verwundet, allergisch. Man hat bei ihm das Gefühl: Der einzelne muß erst einmal von dieser Kirche weggeführt, beiseitegenommen werden, bevor er sich ihr wieder zuwenden könnte. Oder vielleicht stellt sich Drewermann eine ideale Kirche auch so vor, daß sie vor allem andern ein Platz sein sollte, wo die einzelnen von brüderlichen Freunden beiseitegenommen werden, um Begleitung und Hilfe zu erfahren.

*Was Menschen dringend brauchen, sind Asylstätten*, an denen sie »beginnen dürfen, sich selbst wieder zu verstehen und damit langsam auch wieder zu begreifen, was Gott mit ihnen gemeint hat« (WdH III,65). Denn das Wesentliche ist, »einen Menschen so leben, nachreifen, wieder wachsen zu lassen, daß er die innere Struktur, das innere Wesen, das in ihm angelegt ist, zu leben vermag« (WdH I,109). Doch leider hat die katholische Kirche, so wie Drewermann sie bis jetzt erlebt, für Menschen, die in Not geraten sind, zum Beispiel durch Ehescheidung oder Abtreibung, wenig Verständnis. Sie ist eine »wenig gnadenvolle Kirche« (WdH III,65). Sie stellt Gesetze auf und kümmert sich kaum darum, was mit denen geschieht, die sie nicht halten können.

Man spürt: für Drewermann *muß die Kirche seelsorgerlich und heilend sein, oder sie ist nicht.* »Solange auf dieser Welt ein Mensch leidet, wird der Gott Jesu ... mit dem Leid dieses Menschen mitfühlen und leidenschaftlich Menschen wollen, die alles in ihrer Kraft stehende tun, es zu beseitigen« (Matthäus I,61). Im Raum der Kirche sollen Menschen in ihren Schmerzen gesunden können.

In dem *Raum der Kirche sollen Menschen frei atmen können* und auch in der Entfaltung ihres je eigenen Glaubens alle Freiheit erhalten. Eine Kirche, die ihren Mitgliedern vorschreibt, was sie zu glauben haben, und die ihre »Wahrheit« mit dogmatischer Starre verwaltet, kann nicht erlösend und heilend wirken. Drewermann schwebt eine Gemeinde vor, in der die Menschen in geschwisterlicher Gottunmittelbarkeit einander beistehen und niemand in das Leben des andern reglementierend eingreift.

Für Drewermann *sollte die Kirche* als Ort voraussetzungsloser Gnade *allen Menschen offenstehen,* vor allem den Ohnmächtigen und Wehrlosen, den Schwierigen und Konfliktbeladenen. Wo niemand ausgeschlossen wird, da dürfen die Leute auch ihre eigenen Wege gehen, sie dürfen suchen, probieren und werden nicht mit fertigen Antworten überfremdet. Menschen können sich dort auch verirren, es dürfen menschliche Tragödien stattfinden, und alle Art von Not findet hier ihre freundliche, helfende Stätte. Unheil und Böses werden nicht verurteilt, sondern von innen begriffen und durch liebevollen Umgang geheilt.

*Ganz individuell* soll die kirchliche Seelsorge auf die Menschen eingehen. »Ein Vertrauen könnte sein, daß Gott im Leben eines jeden etwas auszusprechen hat, was es im ganzen Universum nur durch diesen einen zu sagen gibt. ... Wie man Blumen, die ins Licht hineinwachsen, so umwärmt, so in den Strahlenglanz der Sonne stellt, daß sie es wagen, ihre Blütenblätter zu öffnen zur eigenen Entfaltung und ihre ganze Schönheit sichtbar zu machen, so wäre die Art, religiös mit Menschen umzugehen« (WdH I,151).

Eine Seelsorge, die solches zu leisten imstande ist, *braucht sehr viele Menschen,* die in ihr arbeiten: »Ich stelle mir einen Typ von Seelsorge vor, der sehr viel personalintensiver wäre, als er heute ist, der den Menschen nachgeht, wo immer sie stehen« (Gespräche, 39). Andererseits darf die Kirche von ihren Mitarbeitern auch keine übermenschlichen Opfer verlangen. Selbst-lose Aufopferungsseelsorger können anderen nicht wirklich beistehen. Auch Asketen und Funktionäre sind nicht die Vorbildgestalten, die gefragt sind. Für Drewermann sollen die Diener der Kirche so etwas wie Dichter und Psychotherapeuten sein, auf alle Fälle Menschen mit eigener Persönlichkeit, die in der Predigt die Sprache der Bilder beherrschen und mit ihr die Seelen berühren können, und die in der Fürsorge für die Menschen fähig sind, zu helfen, daß Menschen Befreiung und Entfaltung erleben, und in alledem Erlösung.

## *Zusammenfassung: Der Dornbusch in der eigenen Seele*

Dieses Buch wollte Schneisen in das riesige Werk Drewermanns schlagen und dem Interessierten helfen, sich in den Tausenden von bedruckten Seiten dieses Autors besser zurechtzufinden. Sicher ist mir die Darstellung von Drewermanns Denken in bezug auf sein zentrales Thema, die Einführung der Psychoanalyse in Theologie, Bibelverständnis und Kirche, nur begrenzt gelungen. Wenn ich am Schluß aus dem unglaublich Vielen, was bei Drewermann gelernt werden kann, einen Aspekt herausgreifen darf, der mir ganz besonders wichtig geworden ist, dann möchte ich die *Heilung von der Äußerlichkeit* nennen. Hierfür lassen sich noch einmal die drei Hauptströme bündeln, die in Drewermanns Werk einfließen:

*Weg von der Äußerlichkeit in Glaubensdingen!*
— Mit Hilfe von C. G. Jung möchte Drewermann eine Äußerlichkeit bekämpfen, die im Glauben von der Erfahrung und vom Gefühl absehen zu können meint.
— Mit Hilfe von S. Freud möchte er eine Äußerlichkeit überwinden, die Menschen fremdbestimmt, durch Autorität gezwungen, nicht vom freien Ich getragen glauben läßt.
— Mit Hilfe von Kierkegaard möchte er eine Äußerlichkeit besiegen, die in der existenz-unbeteiligten Lehre von Schriftgelehrten oder Bibelprofessoren vorkommen kann, die manchmal gar keinen Glauben mehr zu brauchen scheinen.

*Die eigene Seele als Ort erkennen, wo der Dornbusch brennt!*

— Mit Hilfe von C. G. Jung findet Drewermann zu den Bildern der Seele, in denen Gott sich zur Erscheinung bringen möchte und nach seiner Überzeugung wirklich bringt.

— Mit Hilfe von S. Freud sucht er nach Ichwerdung und seelischer Heilung, aufgrund derer Menschen angstfreier leben können durch das Vertrauen in den Urgrund des Daseins.

— Mit Hilfe von Kierkegaard trachtet er nach dem Feuer des Glaubens in der eigenen Existenz, nach einer glutvollen, leidenschaftlichen Beziehung zu Gott und zu Christus.

*Christus als heilendes Zentrum in unserem Leben!*

Jesus wollte uns Mut machen, zum Himmel zu schauen und mit unserer Stirn die Sterne zu berühren. Er möchte, daß sein Königtum auch unseres sei. Er schenkt uns den Glauben an unsere eigene Würde, an die Macht des Vertrauens und an die Chance der Güte. Er möchte uns helfen, die Angst im Vertrauen auf Gott zu überwinden und der Wahrheit unseres eigenen Wesens die Treue zu halten.

# Anmerkungen

*Zu Kapitel I*

1 Vgl. TuEx I,489; TuEx II,379ff.; Matthäus I,60f.
2 Eugen Drewermann: Leben, das dem Tod entwächst, Düsseldorf 1991, 144.
3 Brief Drewermanns an Bischof Degenhardt, Frankfurter Rundschau vom 17. 3. 1992.
4 Karl Rahner: Priester und Dichter, 1961.
5 Eugen Drewermann: Sind Propheten dieser Kirche ein Ärgernis? Zürich 1991, 28.
6 S. Eugen Drewermann: Der tödliche Fortschritt, Regensburg $^{6}$1990.
7 Drewermann: Sind Propheten dieser Kirche..., 24.

*Zu Kapitel II*

1 C. G. Jung: Psychologie und Alchemie, Zürich 1952, 27.
2 C. G. Jung: Einleitung in die religionspsychologische Problematik, zitiert nach Franz Alt: C. G. Jung – Von Mensch und Gott, Olten 1989, 18.
3 AaO., 19.
4 C. G. Jung: Antwort auf Hiob, dtv-Band Nr. 15062, 9.
5 C. G. Jung: Psychologie und Alchemie, Zürich 1952, 23.
6 C. G. Jung: Erinnerungen, Träume, Gedanken, 11.
7 S. auch Drewermann: Dein Name ist wie der Geschmack des Lebens, Freiburg $^{3}$1991.

8 Zum Thema »Verlust der Geschichte« melden sich besonders viele Kritiker, deren Stimmen hier gehört werden sollen, weil es sich dabei wohl um das heikelste und mit Recht umstrittenste Thema der Drewermannschen Theologie handelt:
*Dieter Funke:* »Die Archetypenlehre wird bei Drewermann zur Begründung einer letztlich geschichtslosen Theorie ewiger Urbilder herangezogen, welche die historischen Prozesse ausschaltet und ewige Urbilder in der Psyche des Menschen als letzte Entitäten annimmt. Konsequenterweise wird die Wahrheit des christlichen Glaubens dann ins geschichtslos-archetypische aufgelöst« (Ewige Urbilder? Katechetische Blätter, München 1988, 124).
*Walter Kasper:* Drewermann »baut mit seinem Verständnis einen anderen Offenbarungsgedanken auf: Gott ist ohne die geschichtliche biblische Wahrheit in den Archetypen der Seele wirksam« (Tiefenpsychologische Umdeutung des Christentums? In: Tiefenpsychologische Deutung des Glaubens, Freiburg 1988, 39).
*Herbert Haag:* »Wenn er (Drewermann) so exklusiv die tiefenpsychologische Bibelauslegung vertritt – wo bleibt dann seine Einschätzung der Geschichtlichkeit, ohne die weder ein Mensch früherer Zeiten begreifbar wird, noch ein heutiger Mensch sich selbst begreifen kann?« (In: Meesmann [Hg.]: Kirche und Glaube auf der Couch, Publik-Forum 1990, 86).
*Joachim Scharfenberg:* »Drewermann vernachlässigt geradezu mit Ingrimm das Problem der Ausprägung einer bestimmten, geschichtlich zu kennzeichnenden religiösen Praxis... So wächst die Geschichte immer wieder aus ihrer historischen Einmaligkeit in die ›ewige Wiederholbarkeit und ständige Gegenwart des ewig Gültigen‹.« (In: I. Baumgartner [Hg.]: Handbuch der Pastoralpsychologie, Regensburg 1990, 142.)
9 S. Kierkegaard: Einübung ins Christentum, Werke II,61.
10 S. Kierkegaard: AaO., 83.

*Zu Kapitel III*

1 Drewermann: Sind Propheten..., 27.
2 Knud Hansen: Sören Kierkegaard, in: Wege der Forschung, Darmstadt 1961, 121 f.
3 S. Kierkegaard: Der Augenblick, XIV 186, Werke II,390.
4 Knud Hansen: AaO., 122.
5 S. Kierkegaard: Tagebücher V,39–40.
6 In: Der Spiegel Nr. 12, 1992, 68.
7 Knud Hansen: AaO., 122.
8 S. Kierkegaard: Einübung ins Christentum 61, Werke II, 71–72.
9 Ebd.
10 Einübung ins Christentum, 83.
11 Der Augenblick, XIV, Werkausgabe II,300 f.
12 Einübung ins Christentum 12/1, Werke II,13.

*Zu Kapitel IV*

1 Im »Spiegel«-Interview (s. o. zu Kap. 3) beharrt Bischof Degenhardt nicht darauf, daß der katholische Christ an die körperliche Realität der Auferstehung oder der Himmelfahrt Jesu glauben muß, aber typischerweise beharrt er beim Thema *Jungfrauengeburt* auf dem auch körperlich-biologisch zu glaubenden »Realsymbol«.
2 Klaus Hoppe, in: Wege zum Menschen 43, 1991, 315.
3 Ders., aaO., 311. – Zum Thema der Behandelbarkeit von Priestern eine Anmerkung aus Eugen Drewermann: Worum es eigentlich geht, München 1992, S. 190: »Prof. Eicher: Inzwischen habe ich durch die Beschäftigung mit dem Buch (›Kleriker‹) sehr viel Kontakt mit Psychiatern gehabt, die sich mit Priestern beschäftigen. Herr Thomas sagt, es sind 1500, die er behandelt hat; er hat mir gesagt, es seien die Ärmsten der Patienten, die er je hatte... – Drewermann: Ein Indiz ist noch schlimmer. Herr Condau, den ich sehr schätze als Daseinsana-

lytiker, sagt mir zwischen Tür und Angel, er behandelt Priester und Ordensschwestern überhaupt nicht. Er halte sie für unbehandelbar.« (Aus dem Gespräch mit Bischof Degenhardt, Juli 1990.)

4 Vgl. Gerd Domann: Menschwerden und christlicher Glaube (hier den Abschnitt: »Vom Lerngehorsam zur wachsenmachenden Begleitung des Ich«), in: Psychologie hilft glauben, Freiburg 1990, 124ff.

*Zu Kapitel V*

1 In diesem Abschnitt fußt Drewermann wieder auf Gedanken von C. G. Jung.

2 S. Fritz Riemann: Grundformen der Angst, 1960, [18]1990.

3 Stellen, an denen Drewermann die vier Neuroseformen darlegt: TuEx II,244ff. und 605ff.; PuM I, Angst und Schuld, 128–161.

4 S. Kierkegaard, Der Begriff der Angst, Werke I,57.

*Zu Kapitel VI*

1 Hierzu die Bemerkung eines Kritikers: Drewermanns Werk muß Widerspruch hervorrufen, denn es ist »die Inthronisation der Tiefenpsychologie als einer Metatheorie des Christentums und der Religion schlechthin« (Dieter Funke: Ewige Urbilder? AaO., 123).

2 Vgl. dazu: Der tödliche Fortschritt, 134 und 147.

3 S. dazu: Früchte, 10; TuEx II,769; Strukturen II,20 .

4 S. auch: Drewermann, Markus I,371–375.

DER AUTOR

Reinhold Gestrich, geboren 1943 in Ravensburg. Studium der Theologie in Tübingen, Bonn, Marburg und an der Harvard Universität / USA, Seelsorgeausbildung in Philadelphia / USA und Stuttgart. 1972 Pfarrer in Heilbronn, 1978 Krankenhauspfarrer in Bad Friedrichshall, 1983 Pfarrer in Crailsheim. Gefangenenseelsorge und Mitarbeit am Seminar für Seelsorgeausbildung in Stuttgart. Seit 1991 Krankenhauspfarrer in Bad Schussenried. Verheiratet, vier Kinder.

Reinhold Gestrich

# Hirten füreinander sein

Seelsorge in der Gemeinde

168 Seiten. Paperback

Seelsorge in der Gemeinde ist ein elementarer und einfacher Dienst, den sowohl Pfarrerinnen und Pfarrer als auch andere Frauen und Männer füreinander tun. Als christliche Grundaufgabe versucht Seelsorge in dieser ursprünglichen Form, Menschen auf ihrem Weg zu begleiten, zu behüten und zu bestärken – sie dort aufzusuchen, wo sie sind. Mit den vertrauensvollen Sprachbildern aus Psalm 23, in dem Gott als der Gute Hirte erlebt wird, ermutigt der Autor dazu, anderen fürsorglich-behütende Zuwendung zu schenken. Er berührt die wichtigsten Felder pastoraler Tätigkeit und arbeitet das unverwechselbar Eigene christlicher Seelsorge heraus.